U0559437

山河

寻路胡焕庸线上的中国

澎湃研究所 著

上海文化出版社

出 品 人：刘永钢

总 策 划：孙 鉴 张 俊

项目统筹：陈 曦 王 昀

产品经理：吕 妍

文字记者：王 昀 吴海云 石 毅

摄影记者：周平浪 伍惠源

视频记者：陈 曦 顾一帆 陈庆港

文字编辑：田春玲 王 昀

图片编辑：梁嫣佳

视频编辑：陈 曦

后期包装：龙 慧 伍银芳 蔡 琳 江 勇

数据图表：苏颢云 王亚赛 黄 桅 吕 妍

页面设计：白 浪 付 敏 赵冠群

页面开发：蔺 涛

序言

本书是澎湃新闻工作者笔下的纪实报告。他们从人文地理的视角切入，通过新闻纪实方式，展现了中国一条被称为"胡焕庸线"的独特画卷。他们长途跋涉5000余公里，异常艰辛。从中国最北部的黑河新生乡开始，一路向西南地区行进，最后到达腾冲和顺古镇。

沿途中，有能源资源丰富的基地，有20世纪40年代至70年代的厂矿基地，有各种类型的农牧经济区，还有广泛的灾害频发区。整个报告为读者呈现了丰富的场景，画面感十足，乡土气息浓厚。

"胡焕庸线"是20世纪30年代，由地理学者胡焕庸提出来的。他通过手动方式，将当时全国4.75亿人标入2万多个空间点上。汇总制图后发现了这条独特的分界线。可以说，这是最早运用"大数据"分析方法得到的世纪大发现。

"胡焕庸线"当初叫"瑷珲—腾冲"线。这条线串联了大兴安岭、松嫩平原、科尔沁沙漠、燕山—太行山、晋中盆地、关中平原、秦岭、四川盆地、横断山脉等大众熟悉的自然地理单元。长期以来，政府、学界、公众都很关注"胡焕庸线"。它不仅是我国自然、经济地理的重要分割线，也与我国400毫米等降水量线高度重叠。更重要的是，它也成了考察我国人口、社会经济等指标东西差异现象的重要指示线。

80多年来，"胡焕庸线"两侧的人口比重变化甚微。沿线东部人口仍旧稠密，西部人口还是相对稀疏。该线两侧生态环境条件、城乡空间元素和历史人文特征迥异，这也可以从中国城市规划设计研究院对全国的人居环境适宜性条件的综合评价研究中得到印证。研究发现，我国94%的不适宜建设地区分布在该线西侧。与此同时，我国93%左右的耕地分布在该线东侧。这也揭示了我国的大部分国土，特别是平原地区和盆地、丘陵地区已经几乎被用于农耕生产。当然80多年来，"胡焕庸线"西侧的平均人口密度由每平方公里5人上升到每平方公里15.3人，提高2倍多。

"胡焕庸线"并不是一条实际存在的线，我们要从地图上找出它的确切位置和走向，似乎是一件比较难的事情。将地图进一步放大，我们能看到山川、河流、田地、草场模糊的分界，却很难说清楚哪里是"胡焕庸线"的东侧，哪里又是西侧。

"胡焕庸线"的东侧并不是绝对的人口稠密地区。这条直线及其东侧200—300公里范围内，覆盖了内蒙古东中部、山西北部、陕西北部地区，它们都是人口相对稀少的农牧过渡地区。同时，直线西侧也不是绝对的人口稀疏地区。直线及其以西200公里范围内，有覆盖了350万人的山陕蒙交界地区，800万人的陕甘交界以西地区，还有150万人的四川西部山区。这些都是人口相对稠密的地区，也是我国不同地理台阶之间的过渡带。因此，这里地震、滑坡、泥石流等灾害频发，属于严重的受灾地带。那些受到地震深深创伤的北川、芦山等地的画面仿佛就发生在昨天，时刻提醒着这里的人们。

"胡焕庸线"的存在，客观来讲是由于气候差异及地形地貌交叠所决定的，但同时也是中国劳动人民发挥主观能动性，适应并改造国土空间的现实结果。正是由于各种差异性因素的叠加，使得"胡焕庸线"对于当前我国的国土开发、保护战略和产业经济的区域转移战略等，都具有重要参考意义。读者可以结合本书的纪实调查，去做以下方面的思考：

第一，深入思考生态环境与国土开发与保护问题。我国绝大部分适宜人类居住的地区分布在"胡焕庸线"以东地区。东部的土地、水资源条件相对较好，大江大河孕育了几千年的农耕文明。在此基础上，形成了相对稳定的农业生产组织关系，进而发展起来了密集的城镇。这些地区是当前工业化、城镇化的主场地。沿海江河三角洲地带的发展，造就了具有世界影响力的城镇群。内陆的平原与盆地地区也形成了若干区域性中心城市。

"胡焕庸线"以西地区由于气候条件导致水资源稀缺，且水资源的时空分布极不均匀，导致人类开发建设受到很大限制。这些地区，仅在沿山脉脚下的平原地区分布着绿洲和城镇。比如，著名的河西走廊地区、天山南北坡地区等。中国的大江大河绝大部分发源于"胡焕庸线"以西。近年来，随着人类开发建设、资源开采不断向上游地区转移，使这些地区出现了生态退化、水土流失和环境污染问题，需要引起重视。但同时"胡焕庸线"以东地区的资源环境承载压力也十分巨大，各类污染问题层出不穷，也迫切需要转变发展理念，引导绿色与可持续的中国国土开发。

第二，关注"胡焕庸线"两侧的扶贫问题。贫困问题是此次澎湃记者实地调研中体会最深的社会问题。造成贫困的原因有很多，有因资源条件匮乏或生态环境恶劣导致的贫困，有因工矿发展停滞或减产导致的贫困，也有因重大自然灾害影响导致的贫困，还有因交通不便造成发展滞后导致的贫困。

在国家积极推进扶贫攻坚任务的时代背景下，社会各界应该积极地去关注这些地区。总体上，"胡焕庸线"偏北部地区更加需要注入新的发展动力，扭转当前因产业支撑不足导致的人口外流和城镇发展滞缓现象。偏南部地区应该找到适合本地资源条件的特色经济发展道路，融入更大范围的经济体系。那些因为水、土地等自然资源匮乏导致生存问题的地区，则需要转换扶贫思路，通过生态补偿机制或生态移民举措重构社会组织。

第三，寻找"胡焕庸线"上的最美风景线。正是由于"胡焕庸线"穿越中国的自然地理台阶过渡带，所以其沿线地区也具有绝佳的自然风光和丰富的民族文化特色。当下，国家在积极倡导"美丽中国"建设，这也为推进"胡焕庸"风景线的发展提供了政策支持。

从北到南，沿线两侧拥有丰富的自然景观、多元的民族文化和文化遗产。有北国冰雪、森林、草原风光，也有南方的垂直地带和多样的生物。有最北端的鄂伦春族，最南端的傈僳族。同时，还有丝绸之路、草原丝绸之路、南方茶马古道等文化遗产廊道。因此，我们可以借鉴美国的国家步道系统的经验，将

"胡焕庸线"打造成中国最美的国家步道。

　　"胡焕庸线"提出的 80 多年来，第一次有新闻工作者踏足，并贯穿考察。虽然说，这条线在地图上无法被找到，但在实际地理环境中，却有着明显、强烈的约束力，"线上"的自然与人文风光是鲜活的，人们的生产生活是实际存在的，各类矛盾和问题也是显性的。今天，我们需要重新发现"胡焕庸线"，不仅因为它是中国大地上重要的一部分，更因为时代在变，我们需要用新的眼光去观察和解读它，带动读者一同参与探索，去发现更多的精彩。

王凯

中国城市规划设计研究院院长

目录

序言

附录

后记　　267

一个动画告诉你什么是胡焕庸线

从中国东南沿河往内地走，前进大约 1500 公里，将遇到山地和高原。水汽在攀升过程中遇到海拔阻隔，在气候与地形的作用下，从东北到西南生成了一个界面，它就是中国自然地理特征的分界线。它隔开了我国半干旱与半湿润地带，农业与牧业也在此间交错存在。久而久之，也造成了人口、社会、经济各要素的不同。

早在 1935 年，著名地理学家胡焕庸先生就提出了，以瑷珲—腾冲一线可以画出我国人口疏密的分界线。线的东南半壁，坐拥全国 36% 的国土面积，聚集了全国 96% 的人口，而西北半壁，则以 64% 的国土面积，供养了 4% 的人口。这条线，后来被称为"胡焕庸线"。它也逐渐成为后来国内外学者和有关战略制定者研究和决策的重要参考依据。胡线理论发表 80 多年来，两侧人口的悬殊状态也始终稳定。不仅如此，随着技术的发展，这条原本看不见的人地关系线，也更多地被看到。从卫星图来看，东南半壁被点亮的程度远远超过西北半壁，就连对现代技术的接入程度也非常悬殊，全国的高铁及高速公路网络在人口稠密的东南半壁也明显密集得多。

有关研究指出，胡焕庸线虽然高度稳定，但也有些微变动的可能性。也有观点指出，胡焕庸线还是我国的生态脆弱带，贸然开发不是良策，突破的重点应是新型城镇化战略，从而让西北半壁人民享受到现代化生活。

胡焕庸线是人口分布线，更是一条人地关系线。中国人口协会副会长杨云彦认为，破解"胡焕庸线"应当是破解东西地区发展不均衡的"胡线"，而非人口意义的"胡线"。胡焕庸本人曾在《中国人口之分布》发表近半个世纪后，于 1984 年在谈及均衡问题时这样说："不是说人口密度必须各地一样，才算平衡，才算合理。"

这条既稳定又脆弱的分界线应该如何破解？这是一个极其重要而又复杂的问题。正如已故著名理论地理学家牛文元在接受澎湃新闻采访时所言，"胡焕庸线搞好了，中国就好了"。

澎湃新闻历时 8 个月，穿越 8 个省市，5000 余公里，寻路胡焕庸线上的中国。

上

一条胡线，思与辨

六十五年　变与不变

尹文耀 / 浙江大学人口与发展研究所研究员

尹星星 / 浙江大学人口与发展研究所项目助理

颜卉 / 上海大学管理学院讲师

李克强总理提出的"胡焕庸线怎么破"的问题，引起学术界相关学科的积极讨论。对于胡焕庸线能否突破，目前有两种不同的观点：一种观点认为胡焕庸线是一种客观规律，是中国自然地理格局的客观差异，很难被突破。另一种观点认为通过气候的改变，以及新型城镇化的快速发展、产业结构的调整、技术的进步，胡焕庸线可以被打破。

目前关于"打破胡焕庸线"的讨论还有几个问题需要探讨：一是"打破胡焕庸线"的内涵是什么？要打破什么？打破的标志是什么？二是现实中胡焕庸线是否正在被打破？三是什么因素导致胡焕庸线不会被打破或正在被打破？本文试图通过考察 1949—2014 年胡焕庸线两侧人口分布变动情况及其影响因素，对相关问题进行初步探讨。

定义、方法和数据

（一）准胡焕庸线的提出

胡焕庸线是以县为单位，分为东南半壁和西北半壁，部分省份被胡焕庸线分成了两部分。为了提高数据的可获得性和研究的方便，本文在保持省级区域完整性的情况下，以省为单位，对两侧进行分割。一个省级区域横跨胡焕庸线两侧时，以面积较大的一侧区分归属，在东南面积较大的省放入东南半壁，在西北面积较大的省放入西北半壁。四川较为特殊，在胡焕庸线西北面积较大，但经济的发展程度、人口所占比重都是东南半壁大于西北半壁，故划入东南半壁。这样划分后，东南半壁和西北半壁的分界就不再是一条直线，而是以省界为基础的曲线，也就不再是严格意义上的胡焕庸线，因此称之为"准胡焕庸线"。

"准胡焕庸线"的走向是：内蒙古与黑龙江、吉林、辽宁、河北、山西、陕西的交界—宁夏、甘肃与陕西的交界—甘肃、青海、西藏与四川的交界—西藏与云南的交界。准胡焕庸线东南部有：黑龙江、吉林、辽宁、北京、天津、河北、山西、上海、江苏、浙江、福建、安徽、江西、山东、河南、湖北、湖南、广东、广西、海南、重庆、四川、云南、贵州、陕西25个省份，西北部有内蒙古、甘肃、青海、宁夏、新疆、西藏6个省份。线两侧的土地面积也发生了变化。东南半壁为429.62万平方公里，占31个省级行政区的44.7%，西北半壁为531.41万平方公里，占31个省级行政区的55.3%。与原胡焕庸线以东地区占42.9%，以西地区占57.1%（胡焕庸在1990年提出）相比，仅相差1.8个百分点。

（二）准胡焕庸线分析的基础数据

本文所用数据主要来自《新中国六十年统计资料汇编》和历年《中国统计年鉴》。这些资料中有总人口、出生率、死亡率、自然增长率等，没有出生人口和迁移人口或机械变动人口。为了分析自然增长和机械增长对线两侧人口分布的影响，本文用总人口和出生率估计出生人口，再用"当年年末总人口＝上年年末总人口＋当年自然变动人口＋当年迁移及其他变动人口"的公式，推算迁移及其他变动人口。在这里迁移及其他变动包括人口的迁移流动、行政区划变动（如赤峰地区由辽宁省划入内蒙古自治区）、人口统计误差（每年迁移流动人口的统计及普查年对这些统计的修正和补充）和统计口径差异造成的人口统计量的变化等，本文将此统称为"机械变动"。

准胡焕庸线两侧
总人口分布变动分析

（一）准胡焕庸线两侧人口分布变动的时间维分析

1951—2014年，全国31个省份人口由1951年的54923万增至2014年的136520万，同期准胡焕庸线东南部人口由52301万增至127290万，西北部由2582万增至8957万。东南部与西北部人口比由1951年的95：5变为2014年的93：7。东南部大致减少2个百分点，西北部大致

西北部总人口占比多元逐步淘汰回归模型系数 表1

变　量	非标准化系数		标准化系数	t	Sig.
	B	标准误			
常量	5.749	0.342		16.811	0.000
第一产业产值比重	−0.017	0.004	−0.519	−4.292	0.000
城镇人口比重	0.015	0.004	0.296	3.946	0.000
工业产值比重	0.012	0.004	0.215	2.775	0.007

注：R^2 = 0.969，调整 R^2 = 0.938，F 检验值 = 744.872。

分阶段西北部总人口占比多元逐步淘汰回归模型系数 表2

变　量	非标准化系数		标准化系数	调整 R^2	标准误	t
	B	标准误				
1950—1962						
常量	3.656	0.077		0.967	0.062	47.233
城镇人口比重	0.096	0.005	0.985			18.789
1963—1977						
常量	7.151	0.087		0.947	0.047	82.181
第一产业产值比重	−0.035	0.002	−0.975			−15.908
1978—1999						
常量	5.143	0.170		0.985	0.013	30.248
第三产业产值比重	0.023	0.002	1.207			9.586
第二产业产值比重	0.009	0.003	0.426			3.385
2000—2014						
常量	5.201	0.118		0.897	0.016	44.225
非农产值比重	0.015	0.001	0.951			11.073

增加 2 个百分点。这表明准胡焕庸线虽然基本维持稳定，但也在发生缓慢变化，即东南部在微弱减少，西北部在微弱增加。

为了考察哪些因素对这种变动的影响更为显著，本文以东南部人口占比年度增量、西北部人口占比年度增量为因变量，以东南部人口自然增长占比和人口机械增长占比、西北部人口自然增长占比和人口机械增长占比这 4 种占比为自变量，分别进行多元逐步淘汰回归分析，经过多种分期试验，选择不同分期中显著性水平最高的结果进行分析（详见上页表1、表2）。

准胡焕庸线两侧人口占比变动情况可以分为两大时期四个阶段。

1. 第一阶段（1950—1962 年）：人口向西北部流动显著，东南部人口自然增长影响显现

东南部人口占比由 1952 年的 95.22% 下降到 94.43%，降低 0.79 个百分点，年均降低 0.073 个百分点。人口自然增长占全国总人口的比重年平均为 1.60%，人口机械增长占全国总人口比重年平均为 0.015%。西北部人口占比由 1952 年的 4.74% 上升到 5.44%，提高 0.7 个百分点，年均提高 0.067 个百分点。人口自然增长占全国总人口的比重年平均为 0.098%，人口机械增长占全国总人口比重年平均为 0.057%。回归结果显示，东南部人口占比增量，随东南部自身人口自然增长、机械增长而增加，随西北部人口自然增长和机械增长而减少。东南部自身人口自然增长比机械增长影响更大，西

北部人口机械增长比自然增长对东南部人口占比增量影响更大；西北部人口机械增长比东南部自身人口自然增长影响更大。西北部人口占比增量，随西北部自身人口机械增长而增加，随东南部机械增长而减少，与西北和东南的自然增长无显著关系。

这一阶段主要是人口机械增长影响着两侧人口占比的变化，而且西北部人口机械增长影响更为显著。1959—1961 年，干旱波及黄河流域、西南、华南、华北、东北、长江中下游地区，东南部受到的影响要大于西北部，1959 年华东地区又遇长江洪水，东南部人口负增长幅度大于西北部，使人口机械增长对东南人口占比下降、西北人口占比上升的影响更显著。

2. 第二阶段（1963—1977 年）：人口向西北部流动强化，自然增长影响不显著

东南部人口占比由 94.43% 降到 93.75%，降低 0.68 个百分点，年均降低 0.045 个百分点，自然增长占全

国总人口的比重年平均为 2.13%，机械增长占全国总人口比重年平均为 –0.030%。西北部人口占比由 5.44% 上升到 6.05%，升高 0.61 个百分点，年均升高 0.041 个百分点，自然增长占全国总人口的比重年平均为 0.148%，机械增长占全国总人口比重年平均为 0.023%。东南部、西北部人口自然增长占全国总人口比重均高于前期。机械增长占全国总人口比重均值，东南部为负，西北部为正，人口由东南向西北流动显著。

东南部人口占比增量，随东南部人口机械增长占比增加而增加，随西北部人口机械增长和自然增长占比增加而减少，以西北部人口机械增长占比增加影响更强。东南部人口占比增量与东南部本身自然增长关系不显著。西北部人口占比增量，随西北部本身人口机械增长占比增加而增加，随东南部人口机械增长而减少，西北部人口机械增长的影响更大；与两侧人口自然增长关系不显著。

3. 第三阶段（1978—1999 年）：人口向东南部流动明显，西北部人口自然增长影响显现

这个阶段是自改革开放开始的 1978 年，至西部地区大开发战略实施前夕的 1999 年。东南部人口占比由 93.75% 下降到 93.40%，降低 0.35 个百分点，年均降低 0.016 个百分点，人口自然增长占全国总人口的比重年平均为 1.023%，机械增长占全国总人口比重年平均为 0.121%。西北部人口占比由 6.05% 上升到 6.41%，升高 0.36 个百分点，年均升高 0.016 个百分点，人口自然增长占全国总人口的比重年平均为 0.082%，机械增长占全国总人口比重年平均为 0.010%。东南、西北部人口占比年均变动量均低于前期，显示两侧人口分布有趋于稳定的态势，年均自然增长占全国总人口比重低于前期，则显示自然增长对两侧人口分布也有趋稳态势。年均机械增长占全国总人口比重，东南部由负变正，显示人口机械增长对东南部人口占比的推升作用；西北部虽为正，但上升幅度有所下降。

这一阶段东南部人口占比增量，随着自身两种人口增长而增加，随着西北部两种人口增长而减少，二者的影响均比较显著，其中人口机械变动影响更大。结合年均机械增长占全国总人口比重由负变正的情况，可以判断这一阶段人口向东南部流动为主。西北部与东南部情况类似，也随自身两种增长而增加，随东南部人口增长而减少，都比较显著，西北部自身人口的机械增长、东南部的人口自然增长对西北部人口占比减少影响更大。

4. 第四阶段（2000—2014 年）：人口向东南部流动减弱，西北部自然增长影响稳定

本阶段为自西部地区大开发战略开始实施的 2000 年至 2014 年。东南部人口占比由 93.40% 降到 93.24%，降低 0.16 个百分点，年均降低 0.010 个百分点，自然增长占全国总人口的比重年平均由 1.023% 降为 0.470%，机械增长占全国总人口比重年平均由 0.121% 降为 0.083%。

西北部人口占比由 6.41% 上升到 6.56%，升高 0.15 个百分点，年均升高由 0.016 个百分点降为 0.010 个百分点，自然增长占全国总人口的比重年均由 0.082% 降为 0.049%，机械增长占全国总人口比重年均由 0.010% 降为 0.001%。东南、西北部人口占比年均变动量继续下降。

这一阶段，东南部人口占比受机械增长作用增强，自然增长因素不再显著，西北部两大变动继续使其占比下降。西北部受东南部和自身机械变动的影响也同样更强。两侧继续受自然增长因素影响，但力度有所减弱。

（二）准胡焕庸线两侧人口分布变动的空间维度分析

通过上述分析，我们可以分别对两侧人口分布及总体趋势变动特点概括如下（详见右页，图1、图2、图3）。

1. 东南部人口占比：机械增长影响显著，自然增长影响时隐时现、时强时弱

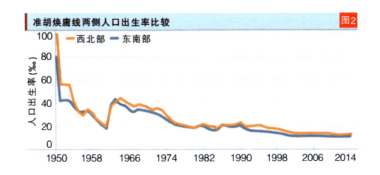

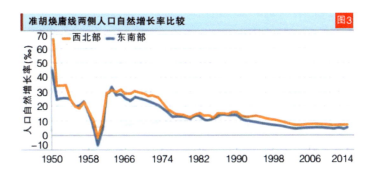

　　东南部人口自身自然增长影响时隐时现，自改革开放和西部地区大开发以来，东南部人口机械增长影响显著。东南部自然增长在1963—1977 年、2000—2014 年 两个阶段对东南部人口占比影响不显著；1978—1999 年东南部机械增长对东南部人口占比影响最大，其次

是 2000—2014 年。西北部人口机械变动和自然增长始终是影响东南部人口占比的显著因素。从非标准化系数看，西北部人口机械变动对东南部人口占比影响最大的时间段依次是 1963—1977 年、1978—1999 年、2000—2014 年，西北部人口自然变动对东南部人口占比影响最大的阶段依次是 1978—1999 年、1952—1962 年、2000—2014 年。

2.西北部人口占比：机械增长影响始终显著，自然增长影响有加大趋势

西北部人口自身的机械增长始终是影响西北人口占比的显著因素，以 1963—1977 年西北部人口机械变动影响最大。自然增长对西北

部人口占比的影响，在 1978 年以前不显著，1978—1999 年影响较大，2000—2014 年影响更大。东南部人口的自然增长在 1978 年以前对西北部人口占比影响不显著，1978 年开始变得显著，但 2000—2014 年其影响低于西北部人口自身自然变动。

3.总体趋势：西北部上升、东南部下降，升降幅度缩小，两侧分布趋稳

东南部人口占比下降、西北部人口占比上升具有一种客观必然性，不是偶然的波动或人为的干扰。偶然因素可以造成少数年份剧烈波动，但没有改变东南部下降、西北部上升的大趋势。各阶段两侧占比变动总幅度和年均变动幅度绝对值

西北部主要指标相对差距指数与人口占比回归分析相关系数				单位:(%)
因变量	调整 R²	标准误	F	Sig.
家庭人均可支配收入	0.81	4.41	156.38	0.000
人均 GDP	0.14	6.87	6.86	0.013
城镇人口比重	0.81	6.59	150.59	0.000
相对差距综合指数	0.74	5.02	104.72	0.000

都呈下降趋势，两侧人口分布逐渐趋稳（详见左页表3）。两侧自然变动占全国总人口比重以1963—1977年为最高，此后逐渐下降，最近阶段为最低。在四个阶段中，机械变动对两侧人口分布的影响均显著，而自然增长对两侧人口分布影响的显著性只是阶段性的。在西部大开发时期，西北部人口占比虽然统计上显著，但机械增长年均占比不足0.001%，而自然增长却为0.048%。

在得出以上结论的同时，必须认识到依据多元回归分析这一问题的局限性：（1）统计量显著性的相对性。把全国31个省份视为一个整体，两侧4种因素增长与全国的关系是部分与总体的关系。各个部分占总体的比重，是此消彼长的关系。每一种因素占比的增长都会影响到其他因素占比的变化。只有这种因素比其他因素成长更快、规模更大、占比更高，其作用才能显现出来，回归分析时才能达到显著的程度，从而进入方程。某种因素由于不显著而没有进入方程，不等于没有影响，只是这种影响是隐性的。即使这样，也在某种程度上制约着其他因素占比的变动；只有相比之下这种因素更大时，其作用才变成显性的或显著的，回归时才能进入方程。即使进入方程，这种影响也是相对的，只说明其他因素没有它显著。

（2）统计误差和统计口径的影响。国家统计系统对自然增长有系统的统计数据公布，对迁移流动却没有。本文中人口机械变动数据是估计的。我们发现，这些数据在20世纪70年代以前是不规则的，没有规律可循，从20世纪80年代开始，每到全国人口普查或1%人口抽样调查的年份，就有一个跳跃性增加。这显然是对平时统计漏报或误报的清理和纠正。另外，1980—2005年有的省份是户籍人口，有的省份是常住人口，而在1980年前都是户籍人口，2005年后又都是常住人口。这会影响分析结果，表明以上的回归分析有局限性。要进一步认识两侧人口分布规律性，还需要进行更深层次的理论思考。

西北部主要指标相对差距指数与人口占比回归分析模型系数   单位:(%)   表4

因变量	常量系数和检验值				因变量系数和检验值				
	非标准化系数		t	Sig.	非标准化系数		标准化系数	t	Sig.
	B	标准误			B	标准误			
家庭人均可支配收入	413.5	26.687	15.494	0.000	−52.565	4.204	−0.904	−12.505	0.000
人均GDP	190.0	41.536	4.574	0.000	−17.134	6.542	−0.405	−2.619	0.013
城镇人口比重	590.4	39.870	14.807	0.000	−77.064	6.280	−0.901	−12.272	0.000
相对差距综合指数	397.9	30.351	13.111	0.000	−48.921	4.781	−0.866	−10.233	0.000

两侧人口分布变动因素

自然变动和机械变动只是两侧人口分布变动的直接原因。在自然变动和机械变动的背后还有更深层次的经济社会和自然环境的原因。在既定的自然环境下,变动的原因主要有以下几点。

(一)工业化、非农化、城镇化是两侧人口分布变动的基本推动力

中华人民共和国成立以来,人口向西北部地区的迁移流动,提高了西北部人口占全国人口的比重,除了边疆建设需要、行政力量推动外,工业化、城市化发展是长期起作用的基本推动力。以1950—2014年西北部总人口占比为因变量,以西北部多种经济指标为自变量进行

多元逐步淘汰回归分析,结果显示,西北部工业产值占GDP比重每提高1个百分点,总人口占比就提高0.012个百分点,第一产业产值占GDP比重每下降1个百分点,总人口占比就下降0.017个百分点,城镇人口比重每提高1个百分点,总人口占比提高0.015个百分点(详见表4)。这表明65年来准胡焕庸线两侧人口分布缓慢变化是工业化、非农化、城镇化推动的结果。从标准化回归系数看,城镇化的推动作用更大,其次是工业化和非农化。

在不同阶段,显著推动力存在差异。第一阶段(1950—1962年)最显著推动力是城镇人口比重的上升。该阶段人口向西北流动是一个突出特征。可以推测,这些人口主

要流入了城镇，提高了城镇人口的比重，也提高了西北部人口占比。第二阶段（1963—1977年）最显著推动力是第一产业产值所占比重的降低。第二阶段（1978—1999年）最显著推动力是第二、三产业产值所占比重的提高。第四阶段（2000—2014年）则为非农产值比重的提高，第二产业和第三产业的发展是推动人口占比提高的显著因素。

（二）人口转变阶段性差异是两侧人口分布变动的重要客观基础

人口分布变动分期分析表明，1952—1962年和1978—1999年东南部、1978年开始西北部人口占比与自然增长占比呈显著正相关，有时这种相关关系并不十分显著。另有相关研究指出，生育政策的差异是中国东、中、西部两大经济地带人口自然增长差异的重要，甚至主要原因。本研究表明，准胡焕庸线两侧人口转变的阶段性差异是两侧人口占比65年变动态势的重要客观基础。生育政策的差别，与人口转变的客观阶段性相比处于次要地位。除特殊年份（三年困难时期）外，东南部人口死亡率在20世纪50年代和60年代中期已低于西北部（详见图4）。

从图4可以看出除个别年份外，1980年《中共中央关于控制

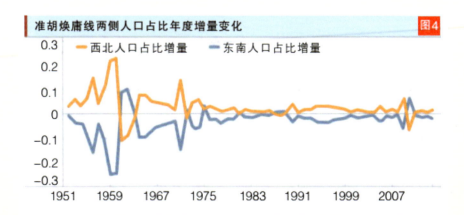

准胡焕庸线两侧人口占比年度增量变化　图4

我国人口增长问题致全体共产党员共青团员的公开信》（以下简称《公开信》）发表以前，东南部人口出生率已经长期低于西北部。这表明，东南比西北更早地进入了人口转变。当东南部人口出生率在 20 世纪 60 年代初期几年开始从高位下降时，西北部人口出生率仍然保持在较高的水平。

1963—1979 年，西北部人口出生率平均比东南部高 3.07 个千分点。这导致这一时期西北部人口自然增长率比东南部高出 2.93 个千分点。而 1980 年《公开信》发表后，东南部执行一对夫妇只生一个孩子的生育政策，西北少数民族地区实行较为宽松的生育政策，至 1990 年，西北部人口自然增长率平均高出东南部的幅度不但没有上升，反而下降了 1.66 个千分点。

1991—2014 年，平均保持在 2.89 个千分点，仍没有高出 1963—1979 年的平均幅度（详见右页图 5）。西北部人口自然增长高于东南部，东南部人口占比下降、西北部人口占比上

升的根本原因不仅是计划生育政策的区域差异和民族差异，更重要的是经济社会发展水平差异产生的人口转变的客观阶段性差异。这种情况在回归方程中也有一定的反映。

（三）宏观社会政策可在短期内造成两侧人口分布剧烈波动

从图 2（详见 21 页）可以看出，准胡焕庸线两侧总人口占比的变动并不是平滑的曲线。观察两侧占比的年度增（减）量（详见右页图 6），可以发现一些年份增量的剧烈波动。除了统计误差和口径变动以外，这些波动的背后都能找到相应的宏观社会背景。例如，1959、1960 年及其前后，西北部人口占比大幅上升，东南部人口占比大幅下降，缘于三年困难时期东南部死亡率比西北部高，出生率、人口自然增长率比西北部低。1960、1961 年，东南部的死亡率比西北部分别高 2.93 个千分点和 4.2 个千分点，出生率比西北部分别低 2.08 个千分点和 0.96 个千分点，自然增长率比西北部分别低 5.01

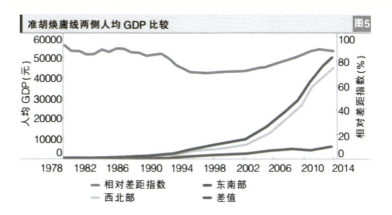

图5　准胡焕庸两侧人均 GDP 比较

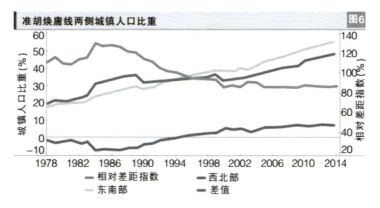

图6　准胡焕庸线两侧城镇人口比重

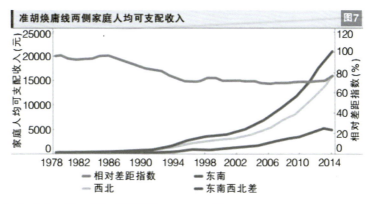

图7　准胡焕庸线两侧家庭人均可支配收入

个千分点和 5.16 个千分点。

1971 年前几年东南部人口占比持续下降，西北部人口占比持续上升，1971 年西北人口占比增量产生一个"跳跃"，东南人口占比增量形成一个"断崖"。这一时期各省均为户籍人口数据，人口统计口径对其没有影响。其原因则在于 1968 年开始的大批知识青年上山下乡运动。仅 1969 年当年就有 400 万人上山下乡（关海庭，1995），其中一大部分是跨线迁移。又如，2008 年两侧占比与 2007 年相比，西北部出现一个"跳跃"，东南部出现一个"断崖"；2009 年与 2008 年相比西北部变成"断崖"，东南部变成"跳跃"。这一时期各省都是常住人口数据，可以排除人口统计口径的影响。其社会背景则是 2008 年国际金融危机对国内企业的冲击，导致大批西北部务工经商人员回流，第二年亦有部分西北部外出务工人员再到东南部务工经商。

1990 年两侧占比增量与 1989 年相比有一个小波动，则是受西北部的内蒙古、西藏、陕西、新疆和东南部的江苏、浙江人口数据由户籍人口口径变为常住人口口径影响。由此看来，政治、经济、社会的偶发性事件会影响两侧占比此消彼长的变化。但这些事件的影响是短期的，甚至是短暂的。事件过后，会有补偿性的回弹，重新回归到客观事物本来的趋势上。

准胡焕庸线两侧主要发展指标的差距

本文评估的指标主要有两侧人均 GDP、城镇人口比重、家庭人均收入等。区域比较有两项指标，一项是反映两侧相对差距的"相对差距指数"（西北部 ÷ 东南部 × 100），即东南部为 100 时，西北部是多少。另一项指标是反映两侧绝对差距的东南部减西北部的差值。重点考察的时间段为 1978—2014 年，即两侧人口分布变动分期的第二大时期两个阶段。

（一）人均 GDP: 现阶段相对

差距缩小，绝对差距扩大

1978 年以来，两侧人均 GDP 都在增长。改革开放至西部大开发战略实施前，两侧相对差距一直在扩大：1978 年人均 GDP 的相对差距指数为 93%，西部大开发战略实施前 5 年（1995—1999 年）平均只有70.77%。西部大开发战略实施的第四年（2003 年）开始上升，2012 年达到 89.33%，与 2002 年比，相对差距指数缩小了 18 个百分点。2013、2014 年相对差距指数亦连续下降到88.73%、87.89%。两侧绝对差距，除 1983、1985、2010 和 2011 年外，其他年份都在扩大。在 2000 年西部大开发战略开始实施前一年（1999年）西北部比东南部低 2081 元，2014 年扩大到 6132 元。

（二）城镇人口比重：西北部四个拐点显示新型城镇化潜力与条件

1978—1994 年西北城镇人口比重高于东南部，1995 年开始东南部城镇人口比重高于西北部，2012—2014 年东南部比西北部高 7 个百分点以上，相对差距指数为 87% 左右。西北部城镇人口比重变动有四个拐点，拐点后都呈上升趋势。

第一个拐点是 1983—1984 年，城镇人口比重大幅提高。1984 年国务院发布《关于农民进入集镇落户问题的通知》，开始允许有经营能力和有技术专长的农民进集镇落户。按户籍人口计算，当年内蒙古城镇人口增加 574 万，青海增加 77 万，新疆增加 444 万，城镇人口比重分别提高 13 个、12 个、7 个百分点。西北部合计提高 6.75 个百分点，比东南部（2.99）高出 3.76 个百分点。

第二个拐点是 1989—1990 年，城镇人口比重下降 3.26 个百分点。主要原因是内蒙古、新疆、西藏统计口径由户籍人口变为常住人口。如内蒙古的城镇人口由 1989 年的1056 万下降到 1990 年的 781 万，表明到 1990 年城镇户籍人口累计有275 万净流出，城镇人口比重由按户籍人口计算的 50% 下降到按常住人口计算的 36%，在统计上下降了 14

个百分点。

第三个拐点是1999—2000年，城镇人口比重下降3.26个百分点。这一年只有宁夏人口统计口径由户籍人口变成了常住人口，但没有引起城镇人口比重统计上的降低。对西北部城镇人口比重影响较大的是新疆。按常住人口计算，新疆城镇人口由1999年的929万下降到2000年的624万，下降了305万；农村人口由1999年的846万上升到1225万，增加379万；总人口由1775万上升到1849万，城镇人口比重由53%下降到34%，下降了近19个百分点。2000年是人口普查年，对以往统计不实有一种清理的作用。东南部也有这种情况，但只降低了0.41个百分点。新疆如此大的变化不能只从统计上找原因。在总人口有所增加，农村人口大幅增加的情况下，城镇人口大幅减少，可以估计在减少的城镇人口中有相当部分流动到农村，另有部分流动到外省。

第四个拐点是2009—2010年。城镇人口比重上升2.78个百分点。

这是1984年后城镇人口比重最大幅度的提高，2010年与东南部的差距由1999年的6.96个百分点下降到6.45个百分点，下降0.5个百分点。这一年除西藏外的其他5个省份普遍大幅提高。按城镇人口比重提高的百分点数降序排列依次是：甘肃（3.35）、新疆（3.19）、青海（2.95）、内蒙古（2.11）、宁夏（1.80）；按城镇人口增长规模的降序排列依次是：新疆80万、内蒙古79万、甘肃61万、青海19万、宁夏15万。新疆、内蒙古、甘肃对西北部城镇人口比重提高都有突出贡献。特别是新疆对第三个拐点（1999—2000年）减少的城镇人口起到了一定的补偿作用。

（三）家庭人均可支配收入：相对差距由扩大转为缩小，绝对差距初显缩小征兆

提高西北人民生活水平和质量，缩小西北部与东南部人民生活差距，是打破胡焕庸线的主要目的和内涵。城镇人口比重已经从宏观角度反映了两侧人民生活水平和质量。下面

用家庭人均可支配收入作为两侧人民生活水平和质量的分析指标（详见 27 页图 7）。

　　1988 年以前，西北部人均可支配收入与东南部的差距较小。1978—1987 年西北部人均可支配收入平均是东南部的 94% 以上，与东南部的绝对差距平均仅 20 元左右。此后西北部与东南部的绝对差距持续扩大，绝对差距每增加 1000 元所需要的时间也越短：1988 年不超过 100 元（77 元），2000 年超过 1000 元，达到 1089 元；2005 年超过 2000 元，达到 2072 元；2008 年超过 3000 元，达到 3093 元；2011 年超过 4000 元，达到 4394 元；2013 年达到最高，为 5312 元；2014 年降为 4935 元。这些除了受实际收入影响外，也受价格的影响。西北部与东南部的相对差距，2006 年达到最大，西北部只是东南部的 69%。此后相对差距缓慢缩小，人均可支配收入的相对差距指数 2009 年超过 70%，2012 年超过 71%，2013 年超过 72%，2014 年达到 77%。由于是同年同价格下的比较，这种相对差距更能反映真实差距。

　　西部大开发战略实施初期的五六年间，并没有立即遏止住西北部与东南部人民生活相对差距的扩大；2007 年相对差距才趋于稳定，并开始略微缩小，至 2011 年年均下降不足 0.3 个百分点；近两三年才有相对明显的改善：2014 年相对差距指数由 2011 年的 71% 上升到 77%，三年回升 6 个百分点，年均回升 2 个百分点。2014 年绝对差距出现了缩小的征兆，人均可支配收入差距由 2013 年的 5312 元降为 4835 元。差距能否持续并加速缩小，还需要进一步观察。

　　（四）相对差距综合指数：缩小两侧人民生活水平的差距既是可能的，又是艰巨的

　　为了总体上比较两侧经济社会发展的差距，本文构建了相对差距综合指数，它等于各单项指标相对差距指数的算术平均值。相对差距综合指数可以反映各单项相对差距指数的共同特征。1978—2014 年两

侧人口分布变动的两个阶段（1978—1999 年、2000—2014 年），也是两侧主要社会经济指标相对差距变动的两个阶段。第一个阶段两侧主要社会经济指标相对差距由小变大，第二个阶段则是相对差距由扩大变稳定或略有回升。在第一阶段相对差距综合指数由 100%（1978 年）下降到 80%（1999 年）。家庭人均可支配收入相对差距指数下降了 21 个百分点，人均 GDP 相对差距指数下降了 22 个百分点，城镇人口比重相对差距指数下降了 17 个百分点，实际差距扩大了同样的百分点数。第二阶段由 2000 年的 77% 回升到 2014 年的 84%。家庭人均可支配收入相对差距指数回升了近 5 个百分点，人均 GDP 相对差距指数回升了 16 个百分点，城镇人口比重相对差距指数回升了 1 个多百分点，实际差距相应缩小了同样的百分点数。

截至 2014 年，差距最大的是家庭人均可支配收入（相对差距指数为 77%），其次是城镇人口比重（相对差距指数为 87%），最后是人均 GDP（相对差距指数为 84%）。这

表明人均 GDP 差距缩小虽然明显，但转化为城镇化的推动力，进而转化为人民生活水平和质量的提高，缩小两侧人民生活的差距，还需要较大的努力。随着社会经济发展的推进，家庭人均可支配收入的绝对量也在提高，缩小同样百分点的相对差距，所需要提高的绝对量也将进一步扩大，所需要的努力也将会更大。

准胡焕庸线两侧经济社会发展差距与人口分布的关系

为了探讨缩小西北部经济社会发展、人民生活与东南部的差距，以及两侧人口分布的关系，本文以西北部经济社会主要指标与东南部相对差距指数为因变量，以西北部人口占比为自变量，进行了回归分析。结果显示，西北部人口占比每提高 1 个百分点，家庭人均可支配收入的相对差距将扩大 53 个百分点，人均 GDP 的相对差距将扩大 17 个百分点，城镇人口比重的相对差距将扩大 77 个百分点，相对差距综合指数将扩大 49 个百分点。这表明提

高西北部人口占比，降低东南部人口占比可能会进一步扩大西北部经济社会和人民生活水平与东南部的差距，为西北部人民与东南部人民共享现代化成果增添新的障碍。

结语

判断两侧经济社会发展和人口数量对比关系的变与不变，取决于设定的标准。1990 年胡焕庸用 1982 年人口普查数字计算结果与 1933 年的数据比较后，发现二者仅有 1.6 个百分点的差别，因此认为"它们之间的比例虽然经过半个世纪，但没有多大的变化"（胡焕庸，1990）。本文准胡焕庸线两侧人口由 1951 年的 95∶5 变为 2014 年的 93∶7，大致变动 2 个百分点，按照胡焕庸提出的标准也是有变化的，但"没有多大的变化"或者说是相对稳定的。未来能否"打破"胡焕庸线，标准不同判断也会不同。

但本文研究表明，两侧人口分布在不断变化，它符合胡焕庸教授的判断，未来"随着西部经济的逐步开发，东西部的人口差别会逐渐减少"（胡焕庸，1990）。本文研究表明，这种变动具有可能性、有限性、阶段性三大特征。胡焕庸线和准胡焕庸线两侧人口分布有限度的阶段性变动是一个自然的历史过程。两侧人口分布变动取决于两侧人民生活环境、水平、质量、保障四方面的差别程度，而这种差别由两侧自然、经济和社会发展状况共同决定。促进自然、经济和社会协调和可持续发展，努力破除各种障碍，缩小两侧人民生活差别，应该是在两侧人口分布上"破"或"不破"胡焕庸线和准胡焕庸线的主旨。为此，需要正确处理"工业化、非农化、城镇化推动西北部人口占比升高"与"西北部人口占比升高可能会扩大西北部人民生活与东南部的差距"这对矛盾。现阶段应鼓励西北发展所需人才、技术、资金向西北流动，不宜鼓励一般意义上的人口向西北迁移，不应该把提高西北部人口占比作为研究的目的、内容和操作手段。

（本文首发于《中国人口科学》杂志 2016 年第 1 期）

人口比例稳定，急需加速城镇化

吴瑞君 / 华东师范大学社会发展学院教授

朱宝树 / 华东师范大学人口研究所教授

21世纪是中国城市化的世纪，中国的城市化格局也将打上胡焕庸线的烙印，胡焕庸线的学术意义和实践价值有待进一步的深入探索。本文通过挖掘历次人口普查资料及相关统计数据，基于胡焕庸线的地理基线和东、中、西部经济区域区划分别考察中国人口分布的变化态势，探讨中国人口的非均衡分布和胡焕庸线的稳定性问题。

本文主要分析改革开放以来，尤其是1999年实施"西部大开发战略"以来，区域人口分布的变化及胡焕庸线的稳定性。

胡焕庸线两侧

（一）胡焕庸线两侧人口比例基本稳定

限于数据可得性和出于统计比较的需要，本文以省为界采取近似方式将西藏、新疆、青海、甘肃、内蒙古、宁夏划入胡焕庸线以西地区，其余省份（不包括港澳台地区）划入胡焕庸线以东地区。胡焕庸线据此分成东南和西北两个半壁国土面积分别占44.7%和55.3%。表1（详见37页）数据显示，1990—2014年，东南半壁人口所占比例从93.78%降至93.43%，24年仅降低0.35个百分点，年均降低0.14个千分点。从发展趋势看，东南半壁人口占比呈下降态势，西北半壁人口占比呈上升趋势。1990—2014年中国总人口从11.43亿增至13.76亿，省际人口迁移流动日趋活跃，东南和西北半壁的分布比例变化甚微，显示了胡焕庸线的稳固性。

对人口增量的解构结果表明，胡焕庸线两侧人口比例基本稳定略有变化，是人口自然增长与迁移增长同向作用的结果。西北半壁人口的自然增长主要得益于西北少数民族地区较为宽松的计划生育政策，省际人口迁移净迁入则与国家战略及功能区的定位密不可分。尤其是1999年国家启动了西部大开发战略，经济发展带动了城镇化的发展，导致西北半壁人口占比稳中略升。依据各省相应年份统计年鉴数据推算，20世纪90年代，西北半壁人口自然增长率较高，省际净迁入增长规模较大。1990—2000年，西北半壁6个省份的人口自然增长率均超过或接近15‰，较东南半壁平均高出约3个千分点。基于"五普"5岁及以上人口的现住地和普查时5年前常住地分布数据的分析结果显示，1995—2000年西北半壁净迁入人口约50万人，进而导致20世纪90年代西北半壁人口增长略快，其人口占比增加0.2个百分点。进入21世纪后，西北半壁人口继续保持增长态势，但增速放缓。2000年以来，西北半壁人口自然增长率快速下降，与东部地区的差距不断缩小，至2014年，西北半壁人口平均自然增长率为12.83‰，东南半壁为12.43‰，相差不到0.5个千分点。基于"六普"5岁及以上人口的现住地和普查时5年前常住地的推算结果表明，西北半壁净迁入量约为10万人，与基于2000年全国人口普查资料推算结果相比，迁入速度明显减缓。2000—2010年，西北半壁人口占比仅增加0.1个百分点。

从总体上看，东西两个半壁人口在中国人口总量中的占比，都非常接近国内生产总值的占比（见表1）。从发展趋势看，西北半壁地区GDP的占比逐年缓慢上升，与人口占比上升的趋势保持一致，也就是说，胡焕庸线的稳定性，既反映了中国东西两个半壁人口分布比例的稳定性，也反映了经济总量分布比例的稳定性，这两个稳定性之间有着密切的关联性（详见41页图1）。

从城镇化发展进程考察，过去长时期内，城镇化明显滞后于经济增长。改革开放以来，城镇化速度明显加快，从而也会影响到人口区域分布的变化。进入21世纪以后，西北半壁GDP占比转降为升，但城镇化水平仍然低于东南半壁，一定程度上消除了因GDP占比上升的人口增长效应，从而维护了胡焕庸线的稳定性。但据最新资料，2013—2014年，西北半壁城镇化率增加了1.36个百分点，比东南半壁的增幅高0.3个百分点（见表1），胡焕庸线两侧人均GDP与城镇化率的变化，进一步说明东南半壁与西北半

"胡焕庸线"两侧人口、经济总量分布比例和城镇化率 单位:(%) 表1

	年 份				年均变化百分点		
	1990	2000	2010	2014	1990~2000	2000~2010	2010~2014
常住人口占比							
东南半壁	93.78	93.60	93.47	93.43	-0.02	-0.01	-0.01
西北半壁	6.22	6.40	6.53	6.57	0.02	0.01	0.01
国内生产总值占比							
东南半壁	94.66	95.31	94.33	94.18	0.06	-0.10	-0.04
西北半壁	5.34	4.69	5.67	5.82	-0.06	0.10	0.04
城镇化率							
东南半壁	25.10	36.18	50.76	55.80	1.11	1.46	1.25
西北半壁	28.80	32.87	44.30	48.64	0.40	1.15	1.08

注:根据国家统计局官网公布的各省人口、GDP及城镇化率计算。

普查年份中国不同地带人口年龄结构 单位:(%) 表2

年龄 (岁)	东南半壁						西北半壁		
	东部			中西部			西北部		
	1990	2000	2010	1990	2000	2010	1990	2000	2010
0~14	26.29	20.64	14.47	28.53	24.34	18.11	30.01	25.58	18.20
15~59	64.17	68.23	72.20	63.47	65.63	68.57	63.80	66.07	70.89
60⁺	9.54	11.13	13.33	8.00	10.03	13.32	6.19	8.35	10.91

壁发展的关联性。这种变化如果继续,可能会对人口分布变化产生新的影响。

（二）中国人口分布和迁移出现新变化

1. 中西部地区人口向东部沿海地区持续高强度集聚的趋势有所转变

中国幅员辽阔,区域人口分布存在较大差异。与胡焕庸线的稳定有所不同,改革开放以来,中国东、中、西三大经济区域的人口占比构成变动相对较大。东部沿海地区的人口占比由 1990 年的 37.68% 上升至 2014 年的 41.51%，上升了 3.83 个百分点，中部和西部地区的人口占比则有所下降。

值得注意的是，2000—2010 年，东部地区的人口占比年均上升 0.26 个百分点，而 2010—2014 年年均仅上升 0.06 个百分点，增速明显减缓。2010—2014 年中西部地区人口占比的下降速度也比过去 10 年明显减缓。我们认为，如果继续保持这种趋势，今后东部地区人口占比转升为降，中西部人口占比转降为升，并非没有可能。

这种新变化与区域经济增长的差别变化有一定的关系。从总量指标考察，统计资料显示，东部国内生产总值占全国的比重，2000—2010 年年均下降 0.09 个百分点，2010—2014 年年均下降 0.49 个百分点；而中部国内生产总值占全国的比重由 2000—2010 年年均下降 0.12 个百分点逆转为 2010—2014 年年均上升 0.11 个百分点，西部则由年均上升 0.11 个百分点变为年均上升 0.39 个百分点。与此同时，东部地区城镇化率的增速趋缓，2010 年后已经居于三大经济区的末位。从人均指标分析，东部地区人均 GDP 仍处于上升的态势，但近几年城镇化率走平甚至有下行的趋势，说明经济结构调整及产业转型的效果已经显现。

2. 胡焕庸线两侧的"中间地带"成为中国人口东西分流不对称的"分水岭"

全国第六次人口普查的数据表明，省际人口迁移的空间格局有所改变。"六普"时 5 岁及以上人口在"六普"前 5 年（2005—2010 年），东部沿海地区共净迁入 3319 万人，中部和西部地区分别净迁出 2234 万人和 1085 万人。从省际迁移流向分析，不同区域存在明显的差异。按东、中、西部划分，中部和西部省份人口向东部净迁出。中部分别向东部和西部净迁出 2133 万人和 101 万人，西部向东部净迁出 1186 万人。进一步细分，西南 6 省和西北 6 省分别向东部净迁出1108万人和78万人，中部8省分别向西南6省和西北6省净迁出44万人和57万人。从胡焕庸线两侧考察，2005—2010年，西北半壁人口向东部沿海地区净迁出78万人，西南部和中部向西北半壁净迁出共计88万人，整个东南半壁向西北半壁净迁出约10万人。可见胡焕庸线两侧的"中间地带"在一定程度上成为人口东西分流不对称的"分水岭"。与中西部人口向东部沿海地区大量迁移的"一江春水向东流"趋势相比，东南半壁向西北半壁的净迁移量只是"涓涓细流"，对两半壁人口占比变化的影响微乎其微，似乎在悄悄地维护着胡焕庸线的稳定性。

3. 人口迁移变动引发区域人口年龄结构的差别变化

按东、中、西部划分，1990—2000年，东部地区0—14岁少儿人口比例由26.29%下降到20.64%，减少了6个百分点，2010年又下降为14.47%；中部和西部地区的少儿人口比例也呈现持续下降的态势，

但仍高于东部地区。整体而言，15—59岁人口占总人口的比例都趋于提高，但东部地区的增幅大于中西部地区。60岁及以上老年人口所占比重，1990年第四次人口普查时东、中、西部各相差0.5个百分点左右，但至2010年，差距不断缩小，已十分接近（详见37页表2）。由于自然增长变动与迁移增长变动的区域差异，胡焕庸线两侧的人口年龄结构差异相对较大，东南半壁人口少子老龄化严重，西北半壁的人口年龄结构较为年轻。东南半壁中的中西部作为人口净流出的源头，其15—59岁的人口比例既低于东部沿海地区，也低于西北半壁，显然与劳动力人口大量外流密切有关。

（三）中、西、南部的人口空心化和东部的人口空间极化

1. 中部地区人口"空心化"趋势明显，西南和西北地区人口分布严重分化

第六次全国人口普查数据显示，中国人口的地理分布出现了东部和

西部省份人口高增长、中部省份人口"空心化"的趋势。2000—2010年有9个省份人口增长超过10%，呈高速增长的趋势。按增速排序为：北京（41.9%）、上海（37.5%）、天津（29.3%）、广东（20.7%）、浙江（16.4%）、西藏（14.6%）、新疆（13.3%）、宁夏（12.1%）、海南（10.2%），其中5个省份地处东南沿海经济发达地区，3个省份位于胡焕庸线左侧的西北半壁。数据分析同时显示，中部和西南部的大部分省份人口增长减缓。其中，6个省份常住人口出现负增长。按负增长的幅度排序为：重庆（-6.6%）、湖北（-5.0%）、四川（-3.4%）、贵州（-1.4%）、安徽（-0.6%）和甘肃（-0.2%）。这6个省份相连成片，其中，安徽和湖北地处中部，其余省份则属于西南部。由此也说明，西部地区的人口分布以胡焕庸线为界出现严重分化。近年来，东北三省的人口负增长趋势也日益明显，如此大规模和不断蔓延的省域人口负增长，成为中国人口发展和变化

的新现象，在客观上造成东南半壁内部人口分布分化，东部与中部、西南部地区的人口分布差距扩大。

区域人口迁移的城镇化差别效应正在逐渐显现。根据国家统计局公布的2012—2014年统计数据计算，东部地区城镇化率的增幅近3年逐年递减，2014年较2013年提高0.82个百分点，为近10年最小增幅，也低于近10年的平均年增幅（1.14个百分点）；中部地区城镇化率的增幅也逐步收窄，近3年平均增幅为1.20个百分点，低于过去10年的平均增幅（1.31个百分点）。西北地区稳中略增，2014年增幅（1.36个百分点）高于近10年年均增幅（1.31个百分点）；西南地区相对平稳，2014年增幅（1.4个百分点）与近10年平均增幅（1.41个百分点）相当。由于中国的人口迁移以"乡—城"流动为主体，中西部地区农村人口向东部地区城市迁移，对流入地和流出地的城镇化率具有双向拉升作用。而若来自中部地区的东部城镇农民工大规模返乡，分子效应与分

母效应同时发挥作用，同样会对东部和中部的城镇化率产生双向拉低效应，但能否就此减缓中部地区的人口"空心化"趋势，还取决于东部沿海地区增长极的极化效应。

2.东部沿海地区"增长极"以及大城市的人口极化效应将有所减弱

当前，全国人口已形成"三极一带"的增长态势。所谓"三极"，一是东北部形成以哈尔滨为中心的"松嫩平原增长极"；二是形成以北京、天津等大城市为核心的包括北京、天津、河北、山东、山西和内蒙古东部等区域；三是西北部形成以乌鲁木齐、伊犁、石河子等为核心的"北疆增长极"。"一带"则是形成由长三角经济圈起，往南至防城港、南宁的"沿海人口增长带"。鉴于影响中国区域人口增长的主要动因已从自然增长转为区域间的迁移变动，过去几十年"增长极"的人口增长吸纳了大量周边区域的外来人口，是引发中西部地区人口"空心化"的主要原因。在中国人口总体向东部地区集聚的迁移态势下，胡焕庸线的高稳定性，意味着西北半壁人口东迁的数量相对有限，中西部地区人口"空心化"也就成为一种必然性。

图1　2000-2014年胡焕庸线两侧人均GDP与城镇化率变动

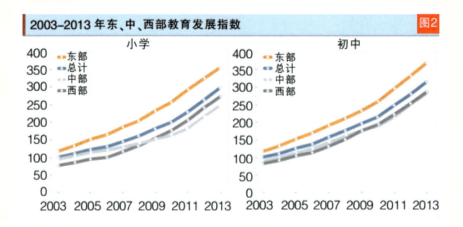

图2

2003-2013 年东、中、西部教育发展指数

"低生育、高流动、老龄化"已成为中国未来人口发展的新常态，因此，在经济发展水平区域差距甚大并主导人口区域流动的情况下，未来人口东迁的大趋势仍将继续，但在中国实施特大城市人口严格调控、区域经济均衡发展战略背景下，结合目前已显现的东部地区人口占比增幅下降及城镇化增速放缓的趋势判断，东部沿海地区"增长极"的人口极化效应将会有所减弱。但是，不论按"胡焕庸线"分东西两大半壁，还是按东、中、西部区分，中国人口东密西疏相差悬殊的格局不会改变。

结论与启示

（一）胡焕庸线的稳定性充分反映了中国人口非均衡分布的基本特征，体现了人口均衡分布"均而不衡，衡而不均"的要义

人口均衡分布是人口均衡发展的重要方面。基于人地关系角度，我们可以将"均"定义为人口数量的均匀分布，将"衡"定义为人口

与经济社会、资源环境承载力之间
的平衡。人口均衡分布的要义就在
于"均而不衡，衡而不均，不患不均，
重在求衡"。人口承载力既应从资源、
经济与人口的关系两个角度分解考
察，又应把二者综合起来进行分析
（朱宝树，1993）。

　　在假设全国人口与"经济—资
源"承载力相对平衡的前提下，大
体来看，东部地区经济承载力较强，
资源承载力不足，中部地区经济承
载力不足，资源承载力较强，西部
地区经济和资源承载力均不足。可
见，中国的人口分布现状是既不均，
又不衡。20 世纪 90 年代以来胡焕庸
线西北半壁人地比重持续提高，部
分生态脆弱地区人口集聚度显著提
高，但经济集聚效应不高。胡焕庸
线带状区域及西北半壁农业劳动力
转移相对滞后（刘彦随、李裕瑞，
2010），人地压力较大；而胡焕庸
线东南半壁的快速城镇化主要依靠
土地扩张，人口极化增长，在高密
度区域高度集聚，发展不平衡。

　　胡焕庸线直观地揭示了中国人
口空间分布的主要特征，东、中、
西部区划的人口分布差异客观反映
了中国经济发展差异引发的人口空
间变动差异。当今中国人口的分布
变化，主要不是发生在东西两大半
壁之间，而是发生在东部沿海与中
西部地区之间。值得注意的是，从
不同区域人口占比与国内生产总值
占比的比值（也称为人口经济压力
指数）看，东西两大半壁之间的差
距及其变化幅度，都要明显小于
东、中、西部之间的差距及其变化
幅度；东西两大半壁该比值接近于 1
的程度，都明显大于东、中、西部。
1990–2014 年，东南半壁人口占比
与国内生产总值占比的比值始终非
常接近于 1，西北半壁的该比值除了
2000 年较高外，其他均在 1.15 的水
平上趋近于 1，东、中、西部地区之
间该比值的差距明显大于东、西两
半壁之间的差距。将西部地区分为
西北（同西部半壁）和西南两部分，
西南地区该比值明显高于西北地区。
区域板块之间的净迁移流向和流量，
大体上可通过人口经济压力的区域

差异得到解释。无疑，中国人口空间分布不均的状况最突出地反映在胡焕庸线划分的东西两大半壁之间，然而"不均而衡"的奥妙也恰恰深藏其中。所以，可以说胡焕庸线的稳定性充分体现了人口分布的均衡与非均衡性的矛盾统一。

（二）中西南部地区人口"空心化"严重，须适当调整三大经济区发展战略，防止中部地区"教育塌陷"等负面效应的加剧

综上所述，中西南部地区人口"空心化"严重，劳动力抚养负担较重，加上原有发展基础薄弱，在周边极化地区的吸引下，人才和年轻劳动力不断流失，已出现"经济塌陷"现象。中西南省份也面临同样的问题，但由于国家实施西部大开发等战略，西南部的省份得到了国家政策的大力支持，在一定程度上对中部地区形成了冲击。以教育为例，近年来"教育塌陷"现象有所蔓延，但主要出现在中部省份。义务教育资源均衡发展指数的测算结果表明，中国东、中、西部的义务教育发展指数在2003—2013年均保持加速增长的态势，但区域之间的差异非常明显（详见42页图2）。东部地区的小学和初中教育发展指数在2003—2013年均保持最高，中部在2003—2009年低于东部，高于西部。从2009年开始，义务教育资源均衡发展指数，无论是增幅还是增长速度，西部均超过中部，形成了"中部塌陷"。同期，西南区域的贵州、云南等省份义务教育资源均衡发展指数则大幅上升。教育界普遍认为，中部地区经济发展滞后及财政实力弱化是"教育塌陷"的主要原因（王远伟，2010）。可以预期，随着中小城市落户政策的放宽，以及基本公共服务均等化进程的加快，人们对子女接受高质量教育的需求增加，"教育塌陷"如得不到有效解决，将有可能进一步推动当地人口外迁，导致人口"空心化"加剧。为此，国家一方面要逐步改革以三大经济区为标准的差异化政策，防止人为加大区域间的差

异；另一方面经济发达的东部沿海地区要增强向中西部地区的辐射带动，以增强中西部地区的人口承载力。要以非均衡发展战略来打破区域发展不均衡的格局，防止中部地区财政投入的进一步"塌陷"，避免"教育塌陷"等负面效应的加剧。实现区域人口与经济—资源承载力的相对平衡，要着力寻求区域内平衡和跨区域平衡之间的最佳平衡点。在中国经济发展新常态下，东部地区的经济增长相对放缓，并且经济发展方式率先转变，而中西部经济增长相对加快，这种新变化已经并将进一步影响人口分布的格局。

胡焕庸线的破解之道，并不在于追求人口分布的东西均匀，而是在于追求"不均而衡"。面对"一江春水向东流"的趋势，因势利导适当调节是需要的。但是人口东迁不可能永远"一浪高过一浪"，人口与经济增长之间自有一定的内在调节机制。因此，我们应该善用这种内在的调节机制，寻求"不破自解"之道。

（三）胡焕庸线的稳定对人口均衡分布具有重要影响，要重点关注人口迁移的区域和城乡差别效应，大力推进区域和城乡统筹的新型城镇化

东、中、西部三大经济地带的划分大体上描述出了中国经济社会发展的分层版图，比较客观地反映了各地区经济社会发展的态势。出于战略发展的需要，东、中、西部板块的划分曾有过动态的调整，但地理位置与经济社会发展兼顾始终是划分的两个重要标准。

胡焕庸线的稳定性，一方面有助于我们更好地认知经济、社会、文化空间格局，另一方面在一定程度上也掩饰了西部地区其他省份人口剧烈变动背后的影响机理。西部地区的12个省份分立于胡焕庸线两侧，虽然国家财政扶持与政策支持的力度相同，但人口迁移流动与空间分布呈现的方向和力度存在较大差异。同样的政策产生了不同的人口"调控"效果，也暴露出经济区域区划与当今社会发展不相适宜

的局限性。要积极关注由此经济区域划分在区域经济、社会发展与人口分布中的持续影响，避免由此造成的东西部发展差距进一步扩大，引发东部城市与西部乡村人口分布在区域经济不均衡背景下的进一步背离。

中国迁移人口的主体是非户籍迁移。根据 2005 年 1% 人口抽样调查和 2010 年人口普查资料推算，在东部地区 5 年间的人口净迁入增量中，流入人口净增量占 73.12%，在中、西部人口的净迁出增量中，流出人口净流出增量分别占 71.21%、76.98%。流动人口是一个不断更替的人口群体。城乡和区域之间的流动人口在许多方面往往具有区别于流出地和流入地的结构性差别特征。例如，"乡—城"流动人口中的老年人占比明显低于农村和城市，因此，这种流动对农村和城市的人口老龄化分别起到了加剧和缓解的效应。目前人口老龄化问题突出，从城乡差别看，"农村先老、更老"。虽然农村人口向城市转移总体上有利于提升人口素质，但由于"乡—城"流动人口的文化技能水平通常高于农村而又低于城市，因此，这种流动对城乡人口的文化技能水平提高又会起到一定的双向滞缓效应。

值得注意的是，隐蔽在"乡—城"流动人口大潮下的回流人口，其文化技能素质往往也具有介于城乡之间的差别特征，因此，这种回流对城乡人口素质可以起到一定的双向提升效应。产业转移的区域差别效应也与此类似。可以设想，在产业结构层次东高西低、由东向西转移的产业结构层次介于东部和西部之间的情况下，这种转移对东部和西部的产业结构层次也会起到一定的双向提升效应。人口和产业转移必然会对不同区域的人口和产业发展产生各种差别效应，因此，要特别关注人口迁移和产业转移的区域和城乡差别效应，大力推进区域和城乡统筹的新型城镇化。

李克强总理提出"胡焕庸线能否突破"之问，是与中国的城市化战略问题联系在一起的，希望实现更为均衡的城市化目标。如前所述，近年来中西部人口占比有所上升，这在一定程度上与其城镇化速度加快有关。区域人口合理再分布有赖于区域和城乡统筹的新型城镇化。党的十八届五中全会明确提出"户籍人口城镇化率加快提高"，强调的是要加快总人口中具有城镇户籍的人口所占比重，实现农村人口从"农民"到"市民"的彻底转变。在中国区域迁移流动日益频繁和活跃的背景下，必须要在地方层面厘清"户籍人口的城镇化率"和"常住人口的户籍城镇化率"的联系与区别，加强相关指标的日常统计工作，以利于加快实现新型城镇化的战略目标。

（本文首发于《中国人口科学》杂志 2016 年第 1 期）

人口迁移分布的顽健性

王桂新 / 复旦大学人口研究所教授

潘泽瀚 / 加拿大莱斯桥大学地理系与人口研究中心博士后

关于中国人口分布及胡焕庸线的诸多研究，说明中国的人口分布具有不均匀性、稳定性和均衡变动性的一般特征（王桂新，1997）；在全国宏观尺度上，胡焕庸线具有很强的稳定性。从诸多学者关于中国人口迁移分布的研究可知，尽管改革开放以来，日趋活跃的人口迁移形成了由西向东、由经济较落后地区向经济较发达地区迁移的区域分布模式，但并未明显改变中国人口分布的宏观格局，影响胡焕庸线的稳定性。

中国人口迁移分布具有什么属性特征？为什么改革开放四十年来频繁、持续发生的人口迁移都未能明显改变中国人口分布的宏观格局，胡焕庸线依然稳定不变？作为人口变动最活跃、对人口分布影响最大的人口迁移与人口分布有什么关系？未来人口迁移能否改变中国人口分布的宏观格局和胡焕庸线？本文拟以省为基本地域单元，利用改革开放以来中国历次人口普查和人口抽样调查数据，力求比较系统地分析与回答上述问题。

人口迁移分布的顽健性

为了考察中国人口迁移分布的属性特征，本文首先提出一个重要概念——顽健性。"顽健性"是一个日语词，从英文单词"robustness"翻译过来，原为统计学中的一个专门术语，20世纪70年代初开始在控制理论的研究中流行起来，用以表征控制系统对特性或参数扰动的不敏感性或惰性。按中文顾名思义，所谓顽健性是指系统（如人口迁移分布）受到驱动或干扰时也不易变化，仍趋向恢复和保持原有形态的特性。其比较接近的概念是稳健性或稳定性。本文通过对人口迁移分布的多方面考察，发现顽健性是中国人口迁移分布的基本属性，或者说中国人口迁移分布具有明显的顽健性特征。下面将从省际人口迁移规模分布、迁移强度分布和人口迁移流分布三个方面对其进行探讨和论证。

（一）人口迁移规模分布的顽健性

改革开放以来中国不同时期省际人口迁出规模和迁入规模及其变化态势呈现以下特点。

第一，不同时期省际人口迁出规模和迁入规模存在明显的地区差异，胡焕庸线以东省份迁出、迁入规模均大于该线以西省份。随着时间的推移，多数省份的省际人口迁出和迁入规模基本呈明显增大的趋势，21世纪以来尤为明显。而且各省不同时期省际人口迁出和迁入规模随时间推移增大的趋势基本同步，省际相对差异并不明显，即改革开放以来，各省省际人口迁出规模和迁入规模随时间推移的变化表现出大小相对稳定、维持原有形态的重要特征。

第二，改革开放以来，中国各省不同时期省际人口迁出规模分布与迁入人口规模分布形态相对稳定。改革开放以来，不同时期省际人口迁出、迁入规模分布矩阵的相关系数均在0.736以上，且在0.001的统计水平上高度显著，显示省际人口迁出和迁入规模的分布形态均十分稳定，且相关系数从上到下由大趋小，从左到右由小增大，对角线上的相关系数相对最大，说明随着时间的推移，各省省际人口迁出和迁入规模的分布形态时间相距越远，相似性趋向减小，时间相距越近或越相邻，相似性越大，尤以两个相邻时期的分布形态相似程度最高。

第三，改革开放以来，各省不同时期省际人口迁出和迁入规模分布形态的相对稳定性及相邻时期省际人口迁出和迁入规模分布形态的高度相似性，显示中国省际人口迁移规模的分布具有明显的不易发生变化、维持原来形态的顽健性特征。

（二）人口迁移强度分布的顽健性

本文以迁移率表示人口迁移强度。将改革开放以来中国不同时期省际人口迁出与迁入强度进行相关分析，可以看出以下特点。

第一，与省际人口迁出规模分

布不同，各省省际人口迁出强度只有在相邻时期，分布保持一定的相关性。随着时间的推移，相邻两个时期省际人口迁出强度分布的相关性呈增强趋势。特别自20世纪90年代中期以来，两个相邻时期各省省际人口迁出强度已高度相关，说明改革开放以来，尽管省际人口迁出强度分布较易发生变化，但自20世纪90年代中期以来，相邻两个时期的省际人口迁出强度分布仍能保持高度相似性，各省省际人口迁出强度的分布同样具有一定的维持原来形态、不易变化的顽健性特征。

第二，与省际人口迁出强度分布不同，不同时期省际人口迁入强度分布的相关系数，总体表现为从上到下由大趋小，从左到右由小增大，对角线上的相关系数相对最大的特征。这表明随着时间的推移，各省省际人口迁入强度的分布形态时间相距越远相似性越小，两个相邻时期各省的省际人口迁入强度分布相似程度最高。即说明改革开放以来，各省不同时期省际人口迁入强度分布的顽健性比省际人口迁出强度分布更强，而且随时间推移的顽健性变化，与各省省际人口迁出规模和迁入规模分布十分接近。

（三）人口迁移流分布的顽健性

以上从不考虑迁移方向的省际人口迁移规模与迁移强度两个方面考察，发现中国人口迁移分布具有明显的顽健性。如果从考虑迁移方向的省际人口迁移流来看，中国人口迁移分布是否也具有顽健性特征呢？所谓考虑方向的人口迁移流，就是指一个地区（如上海）的省际人口迁移流分布，包括由上海分别迁向其他省份的省际人口迁出流分布和从其他各省迁入上海的省际人口迁入流分布。以下拟从改革开放以来各省不同时期省际人口迁出流和省际人口迁入流两个方面，进一步考察中国人口迁移分布的顽健性特征。分别将各省不同时期省际人口迁出流分布与省际人口迁入流分布进行相关分析，可以看出以下特点。

第一，总体而言，无论是从人

口迁出流还是迁入流来看，绝大多数省份不同时期人口迁出流分布与人口迁入流分布均表现出顽健性特征。其相关系数在 0.8 以上，显著性水平达到 0.001，相对来说各省不同时期省际人口迁入流分布的相关性普遍更强一些。

第二，随着时间的推移，绝大部分省相邻时期的省际人口迁出流分布与迁入流分布的相关系数逐渐增大，说明改革开放以来，各省省际人口迁出和迁入流分布维持相似不变的顽健性呈增强趋势，而且由吸引力作用主导形成的不同时期的人口迁入流的分布具有相对更强的顽健性。这主要是由于改革开放以来，中国省际人口迁出分布的集中趋势具体表现为相对"多极化"，而人口迁入的分布则趋向于更加集中（王桂新、潘泽瀚，2012）。

第三，西部各省省际人口迁出流分布的相关系数普遍低于中部和东部地区，特别是这些省份 1998—1990 年和 1995—2000 年省际人口迁出流分布的相关系数均较小，表明西部地区各省主要由推斥力作用主导形成的省际人口迁出流趋向相对"多极化"，且分布较易发生变化，顽健性相对较弱；而东部地区主要由吸引力作用主导形成的省际人口迁出流逐步趋强的集中化，使其分布更容易保持稳定，形成更强的顽健性。

第四，这些省份省际人口迁出流分布模式的顽健性易受动力作用机制的转换而弱化。20 世纪 90 年代初期，邓小平南方谈话是这些省份省际人口迁移流分布动力作用机制转换的重要转折点。邓小平南方谈话以后，浦东开发开放启动，改革开放的步伐加快，市场化体制逐步得以强化，东部地区珠三角、长三角、京津冀三大城市群相继崛起，吸引中西部地区的迁出人口进一步集中迁入这些地区。东部地区发展所形成的省际人口迁入吸引力的日益增强和极化，是造成中西部地区各省人口迁出流分布顽健性趋弱，东部地区各省人口迁出、流入分布顽健性增强的重要原因。

人口迁移分布顽健性的
决定要因

以上考察说明，改革开放以来，中国人口迁移分布具有明显的顽健性，甚至可以说，顽健性至少是人口迁移分布的基本属性之一。中国人口迁移分布为什么具有顽健性，中国人口迁移分布的顽健性主要是由哪些因素决定的？下面对此加以进一步探讨。

(一)人口迁移与人口分布及"两个自然"的关系

为了考察和阐释中国人口分布的惰性或稳定性，这里引入"两个自然"的概念。

1. "两个自然"与人口分布的顽健性

众所周知，哲学上通常把未经人类改造或人类难以改造的自然称为"第一自然"，把经过人类改造的自然称为"第二自然"。美国经济学家克鲁格曼 (P.Krugman) 把这一概念引入到空间经济学或新经济地理学 (Krugman，1991)。具体来说，第一自然主要为自然禀赋，如海拔、地貌、气候、土地等自然地理要素，基本属性为具有地理 (空间) 位置的固定性或不可变性。第二自然主要为交通和区位等，基本属性为具有一定的可变性或可塑性。Naude(2009) 认为，第一自然属于区域内在特征，并独立于人类活动的要素，而第二自然则具有空间关系特征，且与人类活动密切相关。

如前所述，王桂新曾发现，中国人口分布的顽健性与包括海拔高度、地貌类型、耕地质量等自然禀赋的第一自然要素密切相关，能够综合反映第一自然特质的"一等耕地比例"和"亩均农作物种植业产值"两个变量，即可解释中国人口分布密度省际差异的81%(王桂新，1997)。正由于第一自然禀赋即自然地理环境地域结构的固定性或不可改变性，决定了中国人口分布具有惰性或顽健性。也就是说，中国人口分布的惰性或顽健性，完全是由中国具有地理 (空间) 位置固定性或不可变性的第一自然要素所决定的。

2. 人口迁移规模与人口分布的关系

考察改革开放以来中国人口迁移与人口分布的关系，可以发现人口迁移规模与人口分布之间具有密切的关系，即一个地区的人口迁出规模 M 与其人口规模 P 之间存在一定的比例关系。其具体关系可用二者的相关系数表示。给出了改革开放以来各省不同时期省际人口迁出规模与人口规模的相关系数，从中可以看出，该相关系数基本在 0.73 以上，而且高度显著，说明中国省际人口迁出规模明显依赖其人口规模。

以上分析说明，中国的人口分布具有很强的顽健性，所以改革开放以来明显依赖于人口分布的中国省际人口迁出规模也必然具有一定的顽健性；而人口分布的顽健性又是由第一自然要素决定的，所以改革开放以来中国人口迁移分布的顽健性，根本上也是由第一自然要素所决定的。

（二）两个自然与人口迁移流分布的关系

根据王桂新、潘泽瀚在 2012 年的研究，可通过建立回归模型考察和分析改革开放以来各省不同时期人口规模、收入水平及空间距离等因素与省际人口迁移流分布的关系，看出以下特点。

第一，迁出地人口规模越大，迁出人口越多；迁入地城镇人均可支配收入越高，对人口迁入吸引力越大、吸引迁入人口越多；迁入地人口规模也同样是影响迁入人口的重要因素，地区相邻、交通距离越近，迁移人口越多。随着时间的推移，模型中的影响因素对省际人口迁移流分布的决定作用及解释能力呈明显增大趋势，2005—2010 年，6 个影响变量已能决定人口迁移流分布的 76.9%。

第二，总体来看，经济因素、人口因素等社会经济因素（主要是第二自然要素）对中国省际人口迁移流分布的影响日趋增大，而由于交通条件的改善，距离和相邻性等空间因素（主要是第一自然要素）对省际人口迁移流分布的影响则呈弱化趋势。说明第一自然、第二自然要素对人口迁移流分布的作用是相互叠加、十分复杂的，人类活动对其作用的大小也具有重要影响。

第三，迁入地的吸引作用（拉力）大于迁出地的排斥作用（推力），迁入地城镇人均可支配收入是形成"拉力"的主要因素，也是决定省际人口迁移流分布的主要因素，而迁出地的人口规模也逐步成为"推力"中影响最大的变量。这不仅解释了为什么人口迁入分布的顽健性相对更强，也说明了人口迁出分布为什么依赖于迁出地人口规模。

需要说明的是，以上考察人口迁移流分布的决定要因，引入的都是经过人类改造、具有一定可变性或可塑性的第二自然要素，而不可改变或难以改变、具有地理（空间）位置固定性或不可变性的第一自然要素未能引入模型。但实际上人类的智慧已足以保证其开发活动对区位的选择及其影响效果与第一自然要素的影响是一致的。如上海的地理位置（第一自然要素）决定了其区位条件（第二自然要素）具有比较优势，人们就选择迁移集中到上海并在这里发展经济（第二自然要素），形成经济发达的中心城市。上海发达的经济又吸引人们进一步向这里集中，形成全国最大的城市。这说明尽管以上人口迁移流分布的影响因素没有纳入第一自然要素，但在很大程度上仍有第一自然要素对人口迁移流分布模式及其顽健性具有的决定性影响。

（三）人口迁移逆流与迁出主流的关系

一个地区的人口迁出规模不仅依赖于迁出地人口规模，而且迁出地社会经济等多方面的综合作用，还使人口在迁出的同时形成了一定规模的回流。拉文斯坦（E.G.Ravenstein）把这一点总结概括为人口迁移在形成主流的同时，也将存在一个反方向的补偿主流的逆流，又称为反流或辅流

(Grigg，1977)。

研究显示，中国各省不同时期省际人口迁移的逆流与主流，大多呈正相关且高度显著，改革开放以来各省在1985—1990年和2005—2010年两个时期省际人口迁移逆流与主流线性回归模型的回归系数，在绝大部分省份也十分显著。研究显示，改革开放以来中国不同时期的省际人口迁移，也符合拉文斯坦的这一人口迁移规律，即一个地区人口向另一地区迁移时，另一地区也将有人口迁向该地区，形成人口迁移主流与逆流的互补关系。人口迁移逆流的形成在一定程度上相对弱化了人口迁出对人口规模减少的影响，这样不仅有利于维持原有人口规模的相对稳定性，而且还进一步增强了人口分布及人口迁移分布的顽健性。

主要结论与讨论

（一）主要结论

根据上述分析，本文得出以下主要结论。

第一，人口迁移虽然是生产要素及三大人口变动中最活跃的，但改革开放以来中国不同时期的省际人口迁移分布仍表现出明显的不易发生变化、维持原有形态的顽健性特征。顽健性是改革开放以来中国人口迁移分布的基本属性之一。

第二，改革开放以来中国省际人口迁移分布之所以具有明显的顽健性，主要是由于人口迁移规模在很大程度上依赖于人口规模，人口迁入强度则主要依赖于迁入地的经济发展水平，也受迁入地人口规模的影响。这样看来，人口迁移分布似乎只受第二自然要素的影响，但由于人类开发活动下第二自然要素的分布及其影响效果与第一自然要素影响的相对一致性，使人口迁移在很大程度，甚至在根本上仍与人口分布一样，主要由第一自然要素所决定。

第三，中国人口分布比人口迁移分布更具顽健性。人口分布的变化一般主要是由人口迁移引起的，在一定意义上人口迁移又是一种广义的人口分布形态。人口迁移分布的顽健性主要依赖于人口分布的顽健性，同时也更加强化了人口分布的顽健性。人口迁出逆流的存在又在一定程度上相对弱化了人口迁出对人口规模减少的影响，有利于维持原有人口分布的相对稳定性和强化人口分布的顽健性。

第四，中国的第一自然，在很大程度上决定了中国人口分布的顽健性；中国的第二自然同样也具有稳定性。第一自然与第二自然要素的综合及其交互作用，形成了十分稳定的省域尺度的动力作用空间，并在很大程度上又决定了中国省际人口迁移分布的顽健性。

第五，胡焕庸线是一条体现中国人口分布东西差异的基本地理分界线，自然也主要由第一自然要素决定，具有人口分布的顽健性和高度稳定性；人口迁移分布的顽健性在很大程度甚至在根本上与人口分布一样，主要由第一自然要素决定。所以人口迁移即使在生产要素及三

大人口变动中最活跃，但其顽健性也使它不可能明显改变更具顽健性的人口分布，影响胡焕庸线的稳定性。也就是说，只要中国第一自然要素不变化，人口分布及胡焕庸线就会保持高度稳定。人口迁移分布也不可能引起胡焕庸线的改变。

（二）需要说明和讨论的问题

第一，尽管本研究考察和揭示了中国人口迁移分布与人口分布的顽健性，并以此说明胡焕庸线的高度稳定性。但从哲学意义上看，变化是绝对的，不变是相对的，所以说人口迁移分布、人口分布具有顽健性和胡焕庸线的高度稳定都是相对的，而在绝对意义上，人口迁移分布、人口分布及胡焕庸线都应该是在变化的。事实也证明了这一点。

第二，本文揭示和论证中国人口迁移分布与人口分布具有顽健性，也是相对于考察的基本空间单位为省这一最大行政区划单位而言的。或换言之，本文揭示和论证人口迁移分布具有明显的顽健性，只有相

对于宏观省区尺度的省际人口迁移才成立。如果以地级市行政区甚至以市县行政区为空间单位考察人口迁移分布，这种较小空间尺度的人口迁移分布就未必具有那么明显的顽健性，也不可能不影响人口分布及胡焕庸线的稳定性。

第三，本文认为胡焕庸线高度稳定是相对的，同样也与其考察的空间尺度密切相关。当时胡焕庸对中国的人口分布格局只从瑷珲到腾冲画了一条线，把中国"一分为二"成两半壁，没有画两条线或更多的线把中国分为三个或更多的地区。很明显，画一条线把中国"一分为二"成两半壁，这条线是相对最稳定的。胡焕庸线就是这样一条线，所以相对最稳定。而且胡焕庸线实际上并不是一条直线，而是一条"带"，这就使人口迁移分布更不容易影响胡焕庸线，使之发生改变。

第四，基于以上分析，判断胡焕庸线是否稳定，探讨胡焕庸线能否打破一定要坚持辩证的、相对的科学态度，一定不能绝对化。在这一意义上，由于中国第一自然要素的固定性及不可改变性，可以认为胡焕庸线在过去的 80 年高度稳定，从目前的科学技术水平、改造自然的力量和可以预见的未来发展看，至少从现在起再经历一个或几个"80年"，中国人口迁移同样不会明显改变胡焕庸线，胡焕庸线仍将十分稳定，并难以打破。

（本文首发于《中国人口科学》杂志 2016 年第 1 期）

下

一万里路，北至南

我们沿着胡焕庸线这条人口地理分界线，穿越了中国大地最敏感多变的地带。

这条线出自胡焕庸 1935 年发表于《地理学报》的研究，

他把黑龙江瑷珲与云南腾冲连在一起，

让世人看见这条线两边的显著差异。

东南边，全国 96% 的人口，生活在全国 36% 的面积上；

西北边，全国 64% 的面积上，只生活着全国 4% 的人口。

八十多年后，两边的差异仍然稳定存在，

不同的中国地图上，这条线依旧清晰可辨。

而当我们踏入这条线，地图上的差异从眼前消失了。

在任何一点，方圆百公里内，东西两边没有区别。

把胡焕庸线仅当作分界，我们就会忽视它本身的宽度。

这是一条脆弱而美丽的走廊，

在这条胡线走廊上，

400 毫米等降水量线游移不定，耕作的农田与放牧的沙地相互交错；

地上许多植物无法扎根，地下涌动板块挤压之力；

人们挖掘远古时期的煤，也得不时应对地震、泥石流等地质灾害；

不同民族的风俗习惯，也在此碰撞交融。

在这条过渡带上，紧贴大地生活的人，

需要承受生态环境的复杂多变。

这条线上充满人与环境的博弈、对生计的选择，

以及不得不承受的伤痛与告别。

黑河：最后的猎枪

澎湃新闻记者 吴海云

冬季，宁静的黑河市新生鄂伦春族乡

一

"今年的枪发晚啦！第一场雪已经下了好久了。"

2016 年 11 月 22 日，黑河市爱辉区新生鄂伦春族乡。一间 10 平方米不到的民房里，张玉珍，一位 74 岁的满族老太太正在念叨。

摆在她面前的肉案足有两米长、一米宽，上面的菜肉馅堆得跟小山似的；她身后八仙桌上放着一个硕大的塑料盆，里面是满满的刚和好的面。张玉珍在忙着包饺子，给她准备上山打猎的儿子预备口粮。

2016 年 11 月 26 日，小兴安岭，鄂伦春猎人葛春勇和他的汉族同伴打猎归来，这天他们捕获了三只野猪

两个儿子和已经去世的丈夫都是猎户，张玉珍谈起上山打猎，也俨然是一位行家，"冬季狩猎最好的时机，是天降初雪到冬至的那段日子。一来，积雪上会留下动物的足印，比较好找；二来，动物刚看到白茫茫的雪，会懵，比较好打；另外，冬至前，天还不算最冷，等到'数九'，就太冷了。"

此时"不算最冷"的天，气温已经击穿零下 20 度。

张玉珍的小儿子葛春勇在整理行李：铺盖卷儿、大毛衣裳、一把长长的猎刀，还有一杆枪——这是几个小时前，他从乡政府领回来的。

葛春勇年轻时打猎的照片

尽管身上有一半母亲的满族血统，但葛春勇在民族属性上随父亲，是一个"鄂伦春"。他的葛姓是鄂伦春族冠汉姓后的五大姓之一，来自鄂伦春语"戈钦"，意思是"真聪明"。

这个位于东北小兴安岭北坡的地方，不少人哪怕

黑河市新生鄂伦春族乡政府，葛春勇等鄂伦春族猎人穿着民族服饰，领取政府每年冬天才会发放的猎枪

只有四分之一、八分之一，甚至十六分之一的鄂伦春血统，也依然属于"鄂伦春"。即便如此，这个1000多人的"鄂伦春族乡"里也只有100多个"鄂伦春"。

其中，能在冬季狩猎期领到猎枪的，只有12个人。

作为十二分之一，在领到枪的第二天清晨，葛春勇就准备进山。他两个搭伙打猎的朋友在小院儿里帮他暖着车，那是一辆一万块钱买来、经过改造的北京吉普。一匹漂亮的黑马，是上山打猎的坐骑，在马厩里争分夺秒地吃着干草；几头猎犬追逐嬉戏，兴奋异常。

葛春勇的大哥也领到了枪，他是当地的神枪手。不过，葛春勇并不与亲兄弟一道上山，而是和两个没有枪的朋友搭伙。全乡都是有枪的与没枪的搭伙上山，让仅有的12杆猎枪发挥最大作用。

葛春勇的儿子葛鑫不在这个打猎小队里。"我不喜欢打猎，那纯是受罪。"他说。

葛鑫23岁，有四分之一鄂伦春血统，只在15岁那年跟父亲上山打过一次猎。

"现在，年轻的鄂伦春人都不打围咯！别说打围了，连骑马都困难！"葛春勇说。

47岁的葛春勇，在新生乡12位领到枪的鄂伦春猎手中，属于年轻的。

二

从新生乡出发，驱车四个多小时，葛春勇人马狗一行，终于抵达了这次冬季狩猎的大本营——37连的屯子。

1966年3月，由沈阳军区五个炮兵师4000多名官兵组成的农垦一师，来到黑河屯垦戍边，37连的屯子就兴建于那时。五十年后，许多屯子近乎荒废，只有一些老人住在那里。就在入冬前，因为没有生意，37连的最后一家小卖部已关门休业。

此处比滴水成冰的新生乡，又冷了好多。白天零下20多度，晚上零下30多度，热乎乎的鼻涕来不及流下，就被冻成一块挂在鼻孔下的冰坨。

在这天寒地冻的大山深处，葛春勇却来了精神。在乡里，他看上去总有些蔫蔫的，好像什么事儿都提不起大兴趣；此刻却身手矫健，跨上马，带着狗，眼神精光四射。

这里是他的祖先世代代生活的地方。

小兴安岭山脉，猎人跨上马，追踪猎物足迹

作为中华民族大家庭的古老成员，"鄂伦春"是黑龙江省 10 个世居民族之一。其先世的活动范围包括黑龙江以北、外兴安岭以南、贝加尔湖以东，直达海中的库页岛一带，地域极为辽阔。

魏晋南北朝时的"室韦"，元时的"林中百姓"，明时的"使鹿族"，清时的"索伦部"——这些称呼中，都包括鄂伦春族的先民。而把"鄂伦春"定名为族称，始见于 1616 年后金天命元年，其民族特征为"射猎为务，食肉衣皮"。

日围夜猎，是鄂伦春人在小兴安岭世代延续的生命轨迹。历史上，这里森林密布，河流纵横，野生动物极多，"棒打獐狍，瓢舀鱼，野鸡飞进汤锅里"。

1953 年，鄂伦春人被引向山下村庄定居，从"原始社会"一步迈入"社会主义社会"。如今，体验过深山里狩猎生活的，只有上了 70 岁的老人。

现年 74 岁的葛长云回忆："7 岁以前，我都住在山上，吃得很好！父亲在日落前出门，太阳下山时回到家，就可以拖回两三头狍子。河里的鱼也很大，有一米多长。"

那时鄂伦春人狩猎四季不停，最爱捕的动物是鹿。他们以猎鹿为中心，将全年狩猎分为几季：每年农历二、三月的鹿胎期，每年农历四到六月的鹿茸期，七到九月的鹿尾期和每年初雪后的打皮子期。

但渐渐地，小兴安岭的野兽越来越少，鄂伦春族的狩猎时间也越来越少。到了葛春勇这一代，只能在冬季狩猎期进山，捕些野猪。

猎物留下的足印在雪地上清晰可见

猎人追捕猎物需要精湛的马术，与优秀的猎狗

冬季捕野猪，终究是桩美事。野猪在秋天时拼命进食积累脂肪，到了冬季已完全上膘，正是捕猎的好时候。

葛春勇打了二十多年猎，记忆最深刻的狩猎经历是打野猪。那是十几年前，他和大哥一起进山打猎，撵一只野猪足足一天。最后，那浑身是血的野猪突然向他猛冲过来，锋利的獠牙差点挑到他，然后冲到他大哥身边，蓦地倒地而亡，鲜血瞬间凝成红雪。

这次打猎，葛春勇运气不错。11月23日进山，待到26日，已打到一头大野猪、四头小野猪。"大猪能卖四五千块钱，小猪每个能卖一千多块钱。"葛春勇说，"可以过个好年了！"

2016年11月25日，小兴安岭山脉，追踪猎物足迹的猎人

2016年11月26日，小兴安岭猎人营地外，葛春勇和同伴在准备处理打到的野猪

三

　　但是，葛春勇不知道，他这样进山打猎，还能打几年。

　　他从派出所领来的这杆猎枪，是自己18岁刚毕业时买的。这杆枪当时花了二十几块钱，用了将近三十年，枪口、枪管子都不行了，打不了太远。

　　当地政府曾多次为鄂伦春的猎户无偿更换步枪。比如，1963年，新生乡将猎户手中的旧式枪全部调换为"七九""九九""三八"等型号的步枪；之后，分批换上"七六二"步枪；1985年，又全换成当时最新式的半自动步枪。

　　不过，自20世纪80年代起，当地政府对猎户枪支的管理逐渐收紧。1982年，狩猎枪支管理委员会与瑷珲县公安局治安科联合下发《新生公社狩猎枪管理规定》；1986年，黑河行署民族事务委员会、黑河行署公安局又联合下发《地方民委、地方公安局关于鄂伦春族猎民狩猎生产枪支使用和管理规定的通知》，强调枪支使用由各鄂伦春族乡政府统一安排，管理工作由当地派出所负责。

　　1991年9月13日和1992年9月20日，新生乡先后发生持枪杀人、伤人后逃跑两起恶性事件。之后，当地派出所对狩猎枪支的保管重新做出规定：非狩猎期间，狩猎枪支一律由乡派出所统一管理。啥时出猎，啥时取枪。狩猎归来，即刻把猎枪交回到派出所枪库。

小兴安岭猎人营地，葛春勇一行猎人煮了当天捕杀的野猪，作为晚餐

如今，当地政府不再为猎户更换枪支，并仅在冬季发枪，不配发子弹。另外，一旦有持枪证的猎民因死亡或身体健康原因不再从事狩猎生产，那支枪便不再发放。

前些年，新生乡冬季发放的猎枪还有 14 杆，这两年只剩 12 杆。再过几年，这个数字又会是多少？再过几十年，这个乡还会发枪吗？鄂伦春还有猎人吗？这些问题，新生乡政府不愿正面回答。

乡政府的干事们反复强调，比起其他几个鄂伦春民族乡，新生乡的发枪已算特例。事实是，新生乡那 12 杆老枪的持有者，已是中国仅有的合法持枪的鄂伦春猎户。

新生乡乡长张慧称，向猎户发放猎枪，一年比一年困难，每次都要向上级部门努力争取。"我们能体会上级的顾虑。一旦发枪，乡里的治安状况就很紧张；更重要的是，这和整个国家对枪支的严格管制以及对野生动物的保护，都是违背的。"张慧说。

小兴安岭猎人营地外的星空

"可不要小看这 12 杆枪。这 12 杆枪发出去，只要一个月时间，周围大山里我们辛辛苦苦保护了一年的野生动物，几乎就会被打干净！"新生乡书记王伟说。

这是因为，每逢合法狩猎期，许多不法分子也趁机进山盗猎，其人数远超鄂伦春的猎民，手中的枪支又远比猎民的先进。这无疑对当地生态造成严重伤害。

"枪声一响，一只动物死了。但你只能听到枪声，不知道那是猎民合法打的，还是盗猎者非法打的。深山老林，又不可能跟踪每一支打猎的队伍。"王伟说。

顶着种种不利因素，新兴乡还能发枪，是出于对鄂伦春"民族性"的保护。毕竟，鄂伦春是中国人口最少的少数民族之一，也是全国闻名的狩猎民族。

冬季，宁静的黑河市新生鄂伦春族乡

夜幕下的黑河市新生鄂伦春族乡

四

"一人一马一杆枪"，是鄂伦春的鲜明标志。

这种标志，让世人对他们的想象常带着某种前现代的浪漫色彩：他们在远离工业文明的野生世界，挥洒原始而雄壮的生命力，"风驰一矢山腰去，猎马长衫带血归"。

但猎枪也使得鄂伦春成为中国人数最少的少数民族之一。猎枪不止是浪漫的荣光，更有残酷和血腥。

早在 17 世纪中叶，鄂伦春族就开始使用从沙俄传来的火药枪。他们长期在大小兴安岭游猎，发展出熟悉山林、能骑善射的特点。

正因能骑善射，鄂伦春族人成为清廷的战争利器，被频繁征调，参与了两次雅克萨战争、对蒙古准噶尔部的征剿、对新疆伊犁的远征。从 1695 年到 1894 年，以鄂伦春族为主力之一的黑龙江八旗兵经"朱批谕旨"的征调有 69 次之多，到咸丰、同治年间，几乎"无岁无之"。其人口在 1895 年减至 18000 人，到 1915 年仅剩下 4111 人。

同样因能骑善射，鄂伦春人在日本 1933 年占领黑河后，为日军所利用。日本人将鄂伦春猎民手中的"别力弹克"枪替换为"七九"步枪，编建"山林自卫队"，并怂恿他们与汉人为战："你们不要怕汉人，我们给你们做主……打死一个汉人就像打死一只狍子。一只狍子一张皮，一个汉人两层衣。"

日本人还向鄂伦春人配给鸦片、倾销烈性酒，甚至在他们身上实施细菌实验。及至 1945 年，鄂伦春族仅剩 1007 人。

直到1953年下山定居,这个历经沧桑的游猎民族,才真正迎来繁衍后代、休养生息的和平岁月。他们手中的猎枪,不用对准人——不管是俄罗斯人、汉人还是日本人,而变成一种纯粹的经济生产工具。

但近年来,国家对枪支管理的收紧,以及对动物保护的重视,使得鄂伦春人的合法持枪显得不合时宜。利用鄂伦春"合法狩猎"的空当,非法分子疯狂盗猎,更让持枪变成某种尴尬。

鄂伦春人痛恨盗猎者。不仅因为他们抢了自己本该获得的猎物,甚至威胁到自己的合法持枪证权,更因为那样的狩猎方式"不规矩"。

63 岁的鄂伦春老猎户吴宝荣说:"我讨厌那些盗猎者。知道吗? 他们喜欢下套! 动物中了套,人不一定知道,动物就烂在那里,完全没有用了! 这就坏了打猎应该有的规矩。"

传统的鄂伦春猎人,讲究许多规矩。比如,在出猎打到第一只野兽时,要祭祀"白那卡"（山神）;不打交配中的野兽,因为那样会惹恼老天爷,从此打不到其他野兽。总之,鄂伦春式的狩猎,是在老天爷的注视下,用自己的生命与其他生灵的生命,展开一场堂堂正正的博弈。

为打击盗猎,吴宝荣和其他几个新生乡的老猎手,加入了"巡山护林队"。在不能持枪打猎的日子,他们组队骑马上山，打击违法捕猎，保护他们和祖辈的山林。

"那个时候上山，看到猎物不能打，不会手痒吗？"

面对这个问题，吴宝荣哈哈大笑："手痒，但能忍住。反正只要能上山就行。我这个人不喜欢种地，不喜欢干别的，只要在山里就浑身舒服。"

一个真正的鄂伦春爱打猎，真正挚爱的却是山林。在最险恶的自然环境和生存条件下，他们依然保持着对山林的热爱，对猎物价值的珍视，对自然法则的理解与卫护。只要在山林中，无论打猎，还是护林，都能迸发出一种与生俱来的生命激情。正是基于对自然山林原生的、根基性的情感，鄂伦春人成为残酷历史中的幸存者。

那往后，如果不发枪，怎么办？葛春勇沉默了一会儿，然后说："能怎么办？"他把言语留给了大自然的山林。

富拉尔基：两代人的重工业城市记忆

澎湃新闻记者 王昀

娄利玲抚摸着自己六十年前的结婚照

娄利玲一个人总是睡不着，坐在小木床上，靠着窗户，读读书，写写日记。柜上有一盏微黄色的灯，她从手中的字上抬起头，就会望见六十年前的黑白照片。照片上，被围在中间的新婚夫妇，是各自家里最年轻的孩子。

那是在 1957 年的家乡杭州，27 岁的新娘娄利玲，朝着远方露出微笑。此时，她对新郎章元泗即将奉命奔赴的富拉尔基重型机械厂，还几乎一无所知。但不出两年，她就会拿到调令，离开北京的药检所，来到齐齐哈尔的富拉尔基，与丈夫团聚。

富拉尔基是达斡尔语，意即"红色的江岸"

"上海抽了五个工程师，其中有他一个。他说，你怎么办？我说，你去吧，我也去。结果，我们就在这儿待了五十多年。"

若非章元泗三年前去世，今年应是他在富拉尔基工作生活的第六十年。

当你一个人，完全是一个人独处的时候，才能成为两个人。隔壁的儿子和媳妇早已沉入梦乡，而你沉浸在世界上最美好轻松的回忆之中。

这就是娄利玲的快乐。

家事

时光把床头的木头磨得光润，也在新娘的脸上刻下皱纹。章元泗和娄利玲在这张厂里配的小木床上睡了三十多年。彼时开荒艰苦，简朴实用是荣耀，也是工程师的品格。

谁知多年以后，这种品格化为他人的重负。娄利玲总后悔退休时没加上职称，不然工资就能高一些。"那时他爸在这里，说算了算了，够花就行了，别去了。职称就没加上。"娄利玲明明想要埋怨，却又不知怎么地，对我笑了起来。

媳妇刘秋娥反过来劝她："我说妈你不要这么想，活着就挺好了，不要纠结职称。你们药局的，比你年轻的，比你老的，都过世了。我这人说大白话。"

娄利玲希望儿子媳妇过得好一点。"他们到这，也是受苦了。"

她生了三个孩子。只有一起住的大儿子章鹰在这里出生成长，接了自己的班，成了重机厂的工人，刚退休不久。

头一胎是女儿，特地回杭州生的，"因为我可以看看我妈"。女儿被姥姥带大，小儿子也在杭州生养。"放在他奶奶家，他奶奶带的。"直至章元泗家人零落，无人看管，娄利玲才把小儿子带回。至于那时小儿子多大，是四五岁还是十几岁，娄利玲竟已不太记得。

这不失为家族策略。彼时南方人初来东北，赶上艰苦建设，生养不易。但儿女难免生出心结。

"姑娘也不太来。她爸有病的时候来了，住了没几天，就回去了。她还得伺候她的公公婆婆。公婆是在上海的。"娄利玲拿着最后一张全家合影。

那是在病房里，暗淡的浅蓝色木门衬着白墙。面色蜡黄的章元泗倚在床上，娄利玲的右手扶在他背后，二人身后是三个三口之家，人人表情肃穆。

她低声地叹息。那时候，想法和现在不一样，好像到艰苦的地方去还是对的，就是为了建设。那时候，身边的工程师，多年之后的劳模，还是英姿勃发、眉清目秀，就像相册里的照片上那样。

旧事

当初来这的还有许多转业军人。自朝鲜战争局势稳定，苏联应《中苏友好同盟互助条约》对中国援建的第一批大型重点工程项目，开始大量投入建设。

从 1950 年到 1954 年，中苏分批议定的百余项苏联援助重点工程——被后人称做"156 项重点工程"，成为中国"一五"时期的重工业基础。其中有三项落在富拉尔基，使得这个小镇变成了工业城市——富拉尔基热电站、富拉尔基特殊钢厂、富拉尔基重型机器厂。富拉尔基重型机器厂，又称第一重型机器厂，就是如今一重集团的前身。

"他们那些人的青春就到这了。"刘秋娥说。她父亲是伞兵，家乡在河南。抗日战争结束后，其所在部队被调往北大荒开荒，而后进入第一重型机械厂，工作了一辈子。

娄利玲有时在电视上看见西湖。"现在的西湖不像以前的西湖，现在人多，乱七八糟的。以前多清静啊。"记忆似是非是。章鹰拿出一张照片："这是我妈年轻的时候，挺好看的吧。"清清静静的西湖边，娄利玲梳着大辫子。从绍兴搬到杭州的章元泗一家，

一重厂前的主席像，为一重自行研制的不锈钢所铸，高度 10.1 米

那时住在娄利玲家前面。那时，西湖边人挺少，都是情侣，一对一对的。

"他在杭州上学，浙江大学。"娄利玲讲着杭州话的语调，仿佛不愿融入周遭世界。章鹰想起父亲，他口音标准，要是不注意听，听不出是南方口音。"我妈不行，第一句人家都听出来了。她总觉得她说的口音挺标准的。"在东北长大的章鹰夫妇，一口东北话抑扬顿挫。

刘秋娥对自己公公的专业技术印象深刻。她记得，"文革"时章元泗被下放到专门炼钢的七车间。那时

冬天有工人骑车上下班，雪地上咯吱作响

工人面对有故障的天车，不会维修，只知敲打。章元泗便告诉工人，电怎么看，图纸怎么看。"他笑话我们，回来和我说，工人怎么怎么样。我说是，我们工人文化水平很低的。"

娄利玲翻看相册里章元泗的工作照，不记得他那些同事是什么人。

章元泗和娄利玲最后一张盛装二人照，名义是"绿宝石婚纪念"。娄利玲看着这张照片："这是他去世的前两年。"没说完，便被儿媳纠正："不是两年，头儿个月。5月份照的，8月份就走了。"

当时家里似乎对老爷子瞒着病情。"妈说的，给老年人照相不花钱。"刘秋娥又补充，"其实洗的、拍照的，也都是那些南方人。"

娄利玲有时给北京的同学打电话。那头的老太太，一月退休工资七八千元，每年攒钱去一个国家。而娄利玲自己的退休工资是两千多元，她感觉腿脚不好，连南京药学院的同学聚会也不想去。

最让娄利玲苦恼的是记忆力下降。"以后就变成阿尔兹海默症了。"她把病名说得清楚，却记不清近期的事。

"9月份？"听到儿媳提到9月曾送自己住院，娄利玲不禁反问。儿子无奈笑道："不用记着啦。"

你的时间以想念为界，被分成两截。你想要接近时间轴上几个飘忽的亮点，它们却越发模糊混沌。你以为影像不致丢失，自己却漂泊在遗忘之流中。

工 厂

工人住宅是规整的两室一厅。厅里挂着褪了色的中国地图和世界地图。

大房间是书房，兼做章鹰夫妇的卧室。大书架上堆满中英文的书，有用药手册，也有文艺小说。章鹰不太看书："不像我爸和我妈那时候，像老学究似的，天天翻着书。"

父母都是大学生，章鹰自己却是初中毕业。他18岁接了母亲的班，进入五车间当维修工。五车间有20世纪60年代一重自主建造的12500吨水压机——这是一台饱含着荣耀与使命的机器。早年填补了诸多国内锻件的空白。而一旦这台将近三层楼高的水压机作业时卡了壳，章鹰就得爬上去维修，水压机温度高，

一重五车间里，工人操纵着轰鸣的机器

他的工作服全部湿透，身上也到处是机油。

"一天能出你们一年的汗，出得一点劲儿都没有。还特别埋汰。"

章鹰 2000 年便转了岗。随着年纪增大，他怕自己失一脚掉下去。

车间作息精确，工人们精神紧张，难有再学习的时间精力。技术却在进步。2006 年，新的 15000 吨水压机投入使用。它打破了国外核电锻件的垄断——之前全靠进口，价格不菲。那台章鹰服务多年的老水压机，2010 年也进行了改造，操作更加自动化。

2016 年 12 月，55 岁的章鹰正好退休。

章鹰不抱怨少读了书。他对父亲墓碑上的字引以为荣："为一重献身，终身奋斗。"这样的献身，似乎把自己儿子包含在内。

娄利玲却想不起来，问："谁写的？"

为一重献身的章元泗，经历了一些重要的搬迁决策。20 世纪 90 年代中期到本世纪初，为了谋求更大的发展，一重设计产品研发、核电石化容器制造的部分业务逐渐转移到大连和天津。章元泗也曾参与关于拿地的商谈。

之所以机构搬迁，一方面考虑设备出海发运方便；另外，苦寒之地对人才的吸引力终究有限。到了 2005 年，一重只有生产制造的职能和企业总部还留在富拉尔基。

这已不再是章元泗和娄利玲来的时候。工厂走得比人快。

一重的职工电影院已关闭多年。五十多岁的人，说起以前在这看电影只要一角钱，小时候的兴奋仿佛回到脸上

章鹰感慨，原本自己父母在北京、上海都行，"但最后把我扔这儿了"。

那时都讲究奉献精神，但后来，章鹰和工友们发现，自己的收入与劳动强度不匹配。章鹰有点羡慕早年从重机厂去上海的连襟，"他还做这一行，加一个班400元，但在这边，一个班15元，加班得随叫随到，不然扣钱。"章鹰感觉，连那点15元加班费，当年也是糊涂账，不知记到哪去了。

章鹰说："现在工人跌跟头，打把式，往外跑。"

但章鹰也不无骄傲："重机厂的工人，出去都是一把好手，什么活都能干。"作为中国重工业的摇篮，这里的工人有更多类型的车床可以操作，技术全面。只是，如今重工业总体不太景气，跑到外头也不好干。

眼下对一重而言，需要更多人才，但不需要那么多人手。去年5月新上任的领导雷厉风行，在上个冬天，搞了全员竞聘。"干部能上能下，员工能进能出，薪酬能增能减。"320名中层干部缩至190人。对营销、高科技研发、苦险脏累差、高级管理人员等提升激励，并制定了员工安置办法，控制人员总量。此前遗留的集体职工问题一并解决。

与此同时，去年定下的"订货八十亿、回款八十亿"的"双八十"任务，当初看着遥远，最后竟也完成了。今年任务是"双一百"。后来，我们得知，从2017年1月起，一重便已扭转了自2015年以来连续24个月亏损的不利局面。

近几个月，厂里的工作量明显多了起来。又因许多工人办了内退，在岗的工人有时比以往更累。一个人得干好几样活，但工资不见得增加。因为任务多了，如果完不成，还得扣钱。

不过，比起之前没活干的时候，这样还是好得多。

章鹰感觉，"现在这厂子，正在爬坡阶段，这个坡爬过去可能就好了。现在这个爬坡挺费劲"。

"国家好，小家才能好。"他又说道，"但要说，对重机厂有没有感情，其实俺们说句心里话，我没啥感情。"

刘秋娥急了："也有，咋没有。"章鹰回她："你有，我没有。"媳妇眼眶红了："我有。"

娄利玲从旁看着他俩，呵呵笑了几声。

一车间是一重建厂时最早的车间，机件成品从这里出厂。夜间机器发动，灯火通明。而工人需要倒班

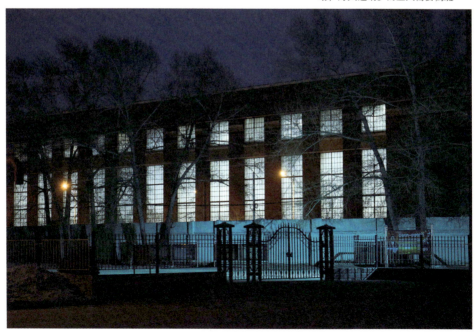

刘秋娥平静了一会儿，说："咱们在这生，咱们在这长，咋能没感情呢。"

章鹰还是觉得，这里没有给自己带来更好的人生。往年与父亲坐在一起唠嗑，要是说重机厂不好，老人可不让。

退休后，章鹰与工友一道旅游，拍拍照片。但不能走太远，因为家里有老人。他每天清早六点醒来，已习惯了上班的作息。

娄利玲并不是为重机厂而来。20 世纪 90 年代，厂里的药剂科整体并入医院，那时儿子已接了自己的班。如今老伴去世，与重机厂最重要的关联也消失了。

城　市

"一家人不断劝我喝水。自打儿天前进了一次五车间，我的咳嗽就没断过。"

五车间的外墙上，挂着职业危害告知牌："长期接触生产性粉尘的作业人员，当吸入的粉尘达到一定数量时，即可引发肺病，还可引发鼻炎、咽炎、支气管炎、皮疹、眼结膜损害等。"因此，必须佩戴个人防护用品，保证除尘设施运转正常。

职业病难以避免。工厂生产中的排放物，连同干燥、寒冷的气候，一并在人们的身心烙下印记。

建于 1958 年、曾兴旺一时的黑龙江化工厂，2016 年忽然破产。此前，这家工厂收到齐齐哈尔环保局的 29 张环保罚单，累计 3000 多万元，已然交不起

黑龙江化工厂在 2016 年倒闭，嫩江边只剩下空置的厂房设备

这些罚款。与它同期建成的黑龙江玻璃厂、富拉尔基纺织厂，破产得更早。

章鹰为此挺高兴，黑化可算黄了，要不夏天总是有味。"黑化周围的房子，立马能值点钱。"

但不久就传来消息，富拉尔基签下紫金铜业总投资 40 亿元的 10 万吨电解铜项目。人们还记得，这家企业曾发生瞒报废水泄漏重大事故九天的事件，导致福建汀江部分水域污染。见惯了工业排放的富拉尔基人，对其宣称的严格监管，一度不敢信任。去年夏天，刘秋娥也跟着大家，转发抗议紫金铜业落地的消息。

富拉尔基的红岸公园，依嫩江而建。冬天江面被冰封得牢牢的

"不管亲戚朋友，我都介绍，齐齐哈尔有鹤，富区的大米也很好吃。水要是被污染，以后还能说什么呢？"

刘秋娥的话音带着肺部的混响。她因身体不好早早内退，之前在一重的焊接车间开天车，后来整天咳嗽，她感觉车间的有毒气体向上飘。

刘秋娥去年还得了风湿，右手五个手指四个疼，腿也不好。风湿是这座城市的常见病。

章鹰不免担心。"这地方，两千多块钱工资，要是没有病，完全过得去。挺安逸的，因为物资便宜。但要是有病，就哗哗哗一笔钱，又哗哗哗一笔钱。"

早三十年，这里的人还年轻，不为这些担心。这座在规划图上看起来犹如大飞机的风沙之城，看上去充满荣耀。自 1957 年起，直到 20 世纪 90 年代，几乎每年都有中央领导来到富拉尔基，视察那些牵系国家重工业命脉的工厂。

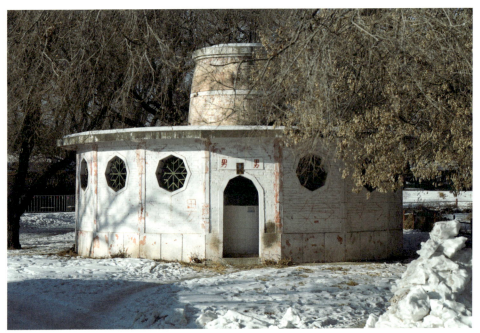

建于 20 世纪 50 年代的红岸公园，有一座碉堡状的公共厕所，男厕占了三分之二

章鹰记得，那时街上能听到上海和杭州等地的口音。人们身上有钱，看不上那些做小生意的。"来这里打家具、擦皮鞋的，都是南方人。"

现在情况早已不同，与章鹰的父辈同时来到富拉尔基的机构早已撤退。1958 年从哈尔滨迁来的东北重机学院，1997 年搬去河北秦皇岛，即如今的燕山大学。齐齐哈尔医学院也在 21 世纪初迁至齐齐哈尔北市区。

正在老去的人在富拉尔基的"大家庭"商场，追溯逝去的时光。在迈入 21 世纪第 17 年的那晚，商场顶楼的花园搞了一场晚会，人们穿着亮闪闪的衣服，轮流拍照、嗑瓜子、换装候场，在属于自己的集体舞里回味青春，就像年轻时在车间换班那样。"南方人可能觉得我们穷，但穷有穷的过法。"刘秋娥说。

　　章鹰和刘秋娥得照顾老人。刘秋娥常与北京的亲戚交流养生，替婆婆求医问药。但或许担心这边医疗水平不行，对药的用法用量不能及时调整，亲戚没有提供药名。

　　大家庭的使命是守望相助。元旦那天的年夜饭，章鹰去了丈人家，兄弟姐妹坐了一桌。章鹰坐在 90 岁的老丈爹身旁，不停地为他夹菜。媳妇在家照顾母亲，他们是两家人的大儿子和大女儿。

　　而娄利玲总感觉，老伴要在大城市，也许还不至于去世。大城市有办法治病。要是自己还在北京多好，在上海也行。

未来

　　冬天天黑得快，四点钟已是傍晚。娄利玲趴在窗口望着。对面是一重车间，夕阳下的厂房，与章元泗去世前相比，没什么不同。早几年，每到换班时间，从这个街区涌出的人，会汇入更大的浩浩荡荡的上班队伍之中。如今，周围一重厂区的房子空了不少。

　　"这两天冰少一点，这种冰上面走啊，怕摔一跤。"娄利玲望着楼下，似乎惦记着路上的归人。

　　"老伴走以前问我，我死了你怎么办，我说我也死。"

　　我吓了一跳，忙说："奶奶，这不行啊，还有活着的呢。"

　　"我说，你还有什么话要跟我说。什么也没跟我

一重车间换班，十年前的人潮要比如今汹涌

说。我总想着他，好像总觉得，他应该在我面前。他退休以后到大连去，有人请他在那工作，差不多七八年吧。我也去，住在大连。他回来以后，我就陪他出去走一走，溜达溜达。问他什么都懂，都会告诉你。他走了好像，活着没意思。"

不知她是否听到我的话。

她念着杭州："多少年没有回杭州去了。我的老家人现在都去世了，剩下我这一辈的，就有一个嫂子。也不去杭州了，因为别人都是小辈。我的岁数也大了，出去要有人能陪着。"

窗下亦有亲人，给老人带来惊喜。孙子回家时，把车停在下面。他眉眼有些像自己的爷爷，会开车带着奶奶去街里转。他在齐齐哈尔做公务员，因为不想当工人，也不愿离家太远。

"儿子可能随我，重感情。"刘秋娥有时想到，这是孩子懂事。要是去大城市打拼，北上广，或者是杭州，靠家里这点在富拉尔基的积蓄，怕连房子都买不起。

富拉尔基的第三代大多远走。"我们就这点好，把这帮孩子全都培养出来。有一部分上大连的，一部分上天津的。把孩子都整走之后，就跟着孩子去了。"刘秋娥说起儿子公务员考试考了第一，也很骄傲。自己早早内退，栽培孩子的精力不白费。

"我们的第三代，基本上没有在重机厂的了，重机厂也不让他们进来了。"章鹰见过最初的热火朝天，见过后来的甩包袱，以及如今的周期性调整，感慨道：

"现在工业这玩意儿，它没准。"

属于自己父亲的时代终究已远去。

五点多吃晚饭。儿子擀面烙饼，媳妇炒菜，是家常东北风味。娄利玲说："我现在一点儿都不挑剔，有啥就吃啥。"以前她喜欢做八宝饭。

彩虹下的厂区

几个月前，章鹰家附近的书报亭消失。娄利玲抱怨，自己订的杂志拿不到了，但找不到书报亭的人。打电话给邮局，邮局也没有办法。

客厅里摆着电子琴，家里只有娄利玲会弹。我们请她弹一首《送别》，老人起初推辞，后来拗不过。她的手指仍然灵巧。章鹰也露出笑容，给老太太拍照。"我老婆婆，很久没弹琴唱歌，今天挺高兴。"儿媳乐呵呵地，给自己的弟媳打电话。大家庭是这里的情感模式。

元旦过后就是春节，街区楼上楼下都是邻居、工友、同学。章鹰的游园券直接送到了家里，"园"就是闲置的百货商店和库房，工会准备了套圈、丢沙包等游戏，奖品丰富而廉价。鬓角斑白的人们，倚靠着旧日的柜台，在笑声与惊呼中，观看彼此的战果与皱纹。工厂是一个更大的家庭。

退休的药剂师娄利玲坐在书房的窗前打字。窗帘上的花纹是飞机形状，一重厂前也有一架飞机形状的凉亭。一重生产的重型设备，便用来制造飞机、火箭、航母上的装备。为了这些国家使命，章元泗没少出差。那天娄利玲拿着一捧绢花，去机场迎接老伴，回来就把花一直摆在写字台上。现在红色的花上覆了一层灰。

科尔沁：干旱笼罩草原

澎湃新闻记者 石毅

满都拉在地里播种绿豆

榆树的树冠在风里摇摆，大风卷起尘土，很快就翻过了树梢。这是内蒙古科尔沁草原的播种时节，但从他家窗户望出去，远处的农田空旷一片。满都拉看了看天色，外面灰蒙蒙的，他只好继续无所事事。

那些从京津来的游客可能会为此失望，已经进入夏季，草原还没有如他们期望的那样返青，大部分地方看上去一片枯黄。而天色简直和他们在城里看到的一样，甚至更糟。

对于科尔沁右翼中旗的居民满都拉来说，这番景象司空见惯。5 月初北京刮起今春最强沙尘暴的时候，他们这里的沙尘甚至刮走了屋顶。满都拉指着院子说："这外面啥都看不见。"但这只是一时的烦恼，风沙意味着播种的工作必须一再暂停，对于他们全村人来说，这才是最大的损失。

满都拉记忆中的草原截然不同。他的家紧挨着中国最大的沙地科尔沁沙地，处在沙地向草原的过渡地带。通常到了这个季节，雨水驻留在地表，形成大大小小的"水泡子"，骑着马都不能过去，草吸足了水，很快就长到齐膝深。"牛羊吃都吃不完"，但现在干旱和风沙成了常客。

科尔沁沙地处在胡焕庸线的北段。研究者们在上世纪中叶提出，在我国北方，400 毫米等降水线大致为北方农牧交错带的气候界限，也是生态脆弱带。科尔沁生态的变化也许就说明了这一点。一些研究表明，这里原本是丰盈的森林草原和疏林草原区，自辽代以来数百年来的开垦和其他人类活动加速了荒漠化进程，最终形成了今天沙地的模样。

作为防治沙漠化的生态工程，三北防护林在科尔沁各个村庄落地。根据国务院规划，这项自 1978 年实施的人工造林工程，计划在长达 73 年的时间内造林 6084 万公顷，比整个四川省的面积还大。

大约 7 年前，满都拉加入这支造林队伍。他从村里租借了 200 亩沙地，种上了万余株杨树。刚种下去时，它们只有一个胳膊那么长，现在这片林子已经长到十几米高。

在干旱的沙地里种树并不容易。满都拉记得，第一年刚过，树苗死了一半，第二年他又补种上 5000 来株。他还不得不在极旱的时候利用地下水来给它们

满都拉种植的一片防护林

浇灌，一直到第三年，"树根扎下去很深，基本不用浇水了"，他才稍微省点儿心。

在这个大约 340 户家庭组成的村子里，有约 50 户参与了三北防护林种植。村委会主任佟初一说，大部分人都害怕树种不活，再加上获得的补贴与成本相减后收益所剩无几，这就打消了积极性。不过，参与种树的村民们大多看中今后的收益。按照协议，他们可以在 30 年后砍伐木材并用于出售，砍伐后的树林可以再进行补种。

追求经济效益又产生了另一个问题。笔直的杨树林被一块块的农田间隔开来，在这片平坦的土地上显得尤为突出。佟初一说，这里的防护林都是杨树，草原上的本地树种没人愿意种。科尔沁的疏林草原以原生的五角枫、蒙古黄榆等出名，它们巨大的伞形树冠在草原上舒展，形态优美，但对于村民来说，没有经济价值。

官方的报道中，三北防护林时常被比作"绿色长城"，是为了从根本上改变西北、华北和东北地区的风沙危害和水土流失问题。根据国家林业局监测，自 2004 年来，我国沙漠化和沙化的面积一直呈缩减趋势，这得益于包括三北在内的各种防护工程。但中国仍然是世界上受荒漠化、沙化危害最严重的国家之一，约五分之一的国土为沙漠沙地，在一些局部地区，沙化土地仍在扩张。

对于许许多多像满都拉这样生活在风沙中的人来说，他们赖以生存的草原正每况愈下。满族已经在这

满都拉在自己防护林周围圈起了栅栏，防止羊群进入啃食树苗

里定居了数代。靠着耕地和放牧，村庄的人口从几十人到上百人，再到今天的上千人。但这样的日子还能持续多久，谁也没有答案。

"种树到底有没有用——大概不是现在能看出来的。"满都拉说，"这些问题只有科学家才能答。"

干旱笼罩草原。科尔沁国家级保护区就挨着满都拉的村子，那里的"水泡子"还没有干涸，黄色的沙地、绿色的树林和湿地拥抱在一起，比画师的作品更有想象力。但保护区也不能幸免于干旱的厄运，保护区管理局估计，近二十年湿地的面积已经下降一半以上。

满都拉记得今年只在5月初下了一场像样的雨，但后来他从手机上看到那是人工增雨。他和妻子开着播种机在地里种下绿豆，他们得依靠地下水来灌溉。

"我小的时候没井，那时候也奇怪，到这时就天天下雨，有时候想着来雨就来雨了。"满都拉回忆。

灌溉农业受到鼓励，过去的十几年，政府通过免费打井，让这里的农业摆脱了雨养模式，种植规模也不断扩大。村委会主任佟初一说，垦荒集中在上世纪八九十年代，现在当地的人均耕地面积由 7 亩扩大到 15 亩左右。不过随之而来的，是地下水位的严重下降。村民都说，原来凿开五六米就能见到水，而现在水井至少要打到 10 米以下。

沿着胡焕庸线行走，农牧民对草场退化和地下水水位下降的抱怨不绝于耳。"在这样的气候边缘过渡带，环境对气候的变化异常敏感。"中国农业科学院农业环境与可持续发展研究所研究员许吟隆说。

他解释到，等降雨线 250 毫米至 400 毫米大致界定了我国北方的农牧交错带，在这里，宜牧则牧，宜农则农。灌溉农业的发展要大量依靠除了雨水外的水资源，比如河流或地下水。地下水位大幅下降是一个信号，意味着人们必须压缩灌溉农业的规模。

内蒙古自治区气象局的监测表明，科尔沁右翼中旗近 30 年来大旱频率增加，但 2012 至 2016 年却是暖湿年，年均降水量比此前 10 年大有增加，但在农牧民眼中，草场却没有因此而改善。

在众多的原因中，过度使用地下水可能导致了意想不到的负面生态效应。

内蒙古大学蒙古学研究中心研究员达林太说，草原上的小禾草和小半灌木形成了地上郁闭的草层和地下庞大的根系，有防火固沙的作用。灌木需要利用浅层地下水，水资源如果被农业大量利用，灌木就会因吸收不到水分而死去。植物的这种演替使得草原退化，进一步导致春季地表大量裸露，地表积温升高，空气对流，继而产生更大的风沙。

大规模的农业开发一直被认为是推动草原沙化的重要原因。对科尔沁沙地历史演化的研究表明，科尔沁沙化过程曾随着农垦规模的缩小而有所逆转，但进一步的人类活动可能中断了这种逆转的过程。李淑华等人的《科尔沁沙地的形成与演化研究综述》认为，人类活动在其中起到了越来越重要的作用。

居住在那里的人们正感受到环境恶化的后果，但却没有更好的方式来应对。中国社会科学院社会学研究所研究员王晓毅对内蒙古草原上农牧民的困境深有感触。他说，在如此的干旱和半干旱区，水资源是核心问题，但现在的"保护也好，发展也好，都基于对水资源的过量利用。在保护和发展当中，环境反而可能变得越来越差"。

禁牧从来没有像今年这样严过。在满都拉的村庄，前几年政府这么说，可大家还是会把羊都赶到草原上。但现在，政策被严格地执行，写着"禁牧"二字的旗帜挂在村里的各个道口。近年羊肉市价下跌，村里羊的存栏量已经大幅下降，满都拉去年也把家里的绵羊卖掉，只留下吃草少、更容易饲养的山羊。即便这样，每个人记忆中的草原仍然未出现。

满都拉家的小院

大同：煤与光

澎湃新闻记者 王昀

晋华宫矿的南山井旧址，开发成井下探秘游，与云冈石窟只隔一条 309 国道

亚洲最大的住宅小区在中国大同，名字叫做恒安新区。这里住着30万煤矿工人及家属。

煤矿工人们早先住在各自的矿上，他们自己砌的房子，像是从土里长出来的。但随着煤被掏空，地面沉降，房子也长出了裂缝。

2007年后，大同煤矿集团进行采煤沉陷区综合治理和棚户区改造工程，许多矿工搬到了恒安新区。从此，晋华宫煤矿的工人上下班，要坐一个小时以上的班车。

不管住在哪里，到了矿上，生活就回到原来的轨道。矿工们乘罐笼进入大地深处。那里没有阳光，只有黑色的煤源源不断地淌出来，运往四面八方。

老房子消失的地方，现在架起了大片亮闪闪的光伏发电组件，但人们无暇理会。

隔着309国道，云冈石窟的大佛端坐在煤矿和光伏电站对面。

只有他什么都见过，什么都知道。

地下

晋华宫矿的一天，从井前的晨会和宣誓开始。

"为了自己的安康和家人的幸福，在工作中要坚决做到遵章守纪，规范操作。铭记不伤害自己，不伤害别人，不被别人伤害，监督别人不被伤害。"

早上七点半，52岁的矿工马志斌和几个工友一起，面对贴了各人家庭合影的墙，念一遍入井安全誓词，然后才换衣服下井。

这种宣誓许多年前就在矿上流行。在井下必须面对安全风险，只有严格遵守生产规范，瓦斯爆炸、冒顶、跑野车、透水等事故，才不会真的发生。人们因此必须成为一个大家庭，结成紧密的联结，对自己的工友负责，就是对自己负责。

掘进曾是井下最危险的工种。20世纪80年代，马志斌打眼放炮，一天能打30米巷道。如今早已机械化，人用掘进机在井下操作，但煤矿工作的本质，还是去地下挖煤，然后把煤运上来。

地下对未知命运的恐惧强于地上。有矿上的人讲，矿工最怕的是地震。井下是空的，人没处跑，被堵在里面，找不见出去的巷道。大同与唐山在同一条地震带上，而它们都是煤的产区。

早年小煤窑的不规范超采，使得地下状况尤其复杂。2008年，在省里的部署下，同煤集团兼并了这些小煤窑。

那些小煤窑成了某种包袱。马志斌的看法代表矿上大多数人："它们把好采的煤都采光了，绝大多数品质不好，安全不稳定，产能低下，投入相对大。"井还在向下延伸。马志斌所坐的罐笼已达到地下300米，还得继续步行才能下到工作面，可能有400米。

地下是男性的世界，阳气才能对抗地下的阴湿。男人们是被三块石头夹着的几十块肉，大家讲话荤对荤，素对素，有时荤素结合。工作环境没有厕所，随着采掘推进，井下的空间也在变化。要解决问题，就找个安全的地方。井下没气味，也不尴尬。

在矿工头上的锚杆上，地下水结成细小的冰棱。"挖煤费水，一吨煤三吨水。"马志斌的说法，恰与学者的结论一致。研究推算，每开采一吨煤炭，要破坏 2.54 立方米的地下水资源。

马志斌记得自己小时候，公路沿边地埂上，有十多处泉眼。累了，渴了，都会去捧一掬泉水解渴。这些年，泉眼逐渐消失了。

在沉陷区的坑洞与沟壑之上，已种起小树

地下偶尔也会迎来游人。晋华宫矿的南山井已不再开采，改造了一部分，变成井下探秘游的"旅游面"。人们穿上雨鞋和工作服，戴上安全帽，挂上矿灯和自救器，跟着导游进入井下。井下布置了展厅，灯光照着模型，不像是真正的黑暗。衣服一路上是干净的，游人只能想象，在石头的另一边，鼓风机的风是如何压着人的声音，又如何使得巷道、工作面、盘区有了不同的温度，而矿工又在讲怎样的段子。

旅游面旁边是真正的井口。下午，黑着脸的矿工出井，躺在温热的地上，晒晒太阳，抽一支烟。饭前抿一口白酒，化掉寒气，就是人生里最舒服的一刻。

年轻的女导游会告诉游客，要从井下出去，得迎着风走。那是有新鲜空气注入的方向。最后就会见到光。

地上

光是煤的前身。亿万年前的光，被浓缩在煤里，而人类想要让光更直接地为自己所用。

同煤集团在大同的光伏项目，架在采煤后的沉陷区之上。大同是国家"光伏领跑者计划"首个被批准的基地，名为"山西大同采煤沉陷区国家先进技术光伏示范基地"。同煤集团的左云县贾家沟 10 万千瓦项目，装机量约占其中十分之一。

10 万千瓦的装机量，对应着大约 35 万块亮闪闪的光伏组件。在黄土高坡上，光伏组件迎向太阳。它

同煤集团的光伏示范基地在左云县贾家沟，装机量 10 万千瓦。这是大同光伏领跑者项目的十分之一

们一共排成 100 个方阵，占地 5017.18 亩。不远处就是小煤窑的矿工住过的窑洞。

"现在我在上面，过去我在下面。"尚武强指着脚下的小坑。这是沉陷区地貌的标志。地下是开采多年的煤田，尚武强十多年前曾在地下工作。如今尚武强是同煤新能源公司总经理，掌管着贾家沟的项目。

因占用土地资源，大规模光伏发电常被诟病。但采过煤的土地，很难做其他用途。"地下的水系被破坏，地不太好种。不好打地基，发展工业也不安全。还是发展光伏比较适合。"

大同曾经是中国最大的煤炭生产和出口基地，这里沉陷区面积足够大，大约有 1600 平方公里。但是，相比同煤集团的 1151 万千瓦电力总装机容量，贾家

贾家沟光伏基地，三个年轻的工作人员，排查电路故障

沟这 5000 亩土地上的 10 万千瓦装机量仅是百分之一，实在微不足道。

尚武强给这边的发电站起名"蓝岭"："光伏发电需要有太阳，要'蓝'字当头。"

尚武强认为，从地理上看，大同是中国最适宜发展光伏发电的地方。这里有充足的光，不像南方那样多雨；又离用电的地方近，依托火电，电能质量可以提升，减缓对电网的冲击，故而这里没有西北常见的弃光现象。

"大同在长城一线。长城以北是游牧民族，长城以南是农耕文化。这里之所以是分界线，因为是在 400 毫米等降水量线上。也就是说，我们这里光照条件最好。再往南，雨水就多了。在浙江，有效发电是 1000 小时，我们可以达到 1500 小时。而西北又太远，发出的电送不到南方，没有效率，弃光率超过 30%。"

4 月里，蓝岭站上的工作人员带着工程队，挨个方阵消缺。大家分头摇晃支架，听声音判断是否松动。旷野里叮叮当当，响声不绝。"给那几个螺丝打一打，这肯定有个松的。"

之所以需要消缺，是为赶上优惠电价，当时建得匆忙。贾家沟实际工期只用了三个月，在 2016 年 6 月 22 日，一次性无缺陷并网发电。根据国家发改委规定，在当年 6 月 30 日之前投运的，可享受此前的电价优惠。

能赶上优惠是好事，而长期看，中国对新能源的补贴将逐步减少。这里现在的电价是九毛五，国家电网给的价格是三毛两分零五——剩下的是国家补贴，占了百分之六十。得在这笔补贴逐步取消之前，大幅降低发电运营的成本。

按照光伏行业的推算，要在 2020 年实现光伏用电侧平价上网；2025 年实现光伏发电侧平价上网。这个时间表可能还要提前。国家能源局新能源与可再生能源司副司长梁志鹏曾在公开演讲中提到，2020 年，风电光伏基本可以平价上网。

尚武强希望，赶快用上性价比最高的产品。而光伏领跑者项目的意义也正在于此。

不过，虽说光伏领跑者项目为的是鼓励国内产品的技术创新，但第一期项目规定的标准较低，同期的光伏基地大多采用刚达到标准的光伏组件与技术。贾家沟基地却是个特例，这里运用了大量新产品和新技术。

从天上看，贾家沟的山坡上，架着大小不一的深色光伏板，以及驱动它们跟着太阳转的马达，就像孩子房间里的一排排玩具。尚武强把美国、日本、德国、中国诸多厂商的光伏产品，摆在这里现场应用，比较相关数值。这里仿佛是个胡焕庸线上的实验室。

他说："这就等于学生考试，谁的考试成绩好、谁考试成绩不好，都显示出来了。比较出差距，中国制造技术才会大踏步提升。"

从这个实验室得出的数据是，组件转化效率最高的是美国，达到 20.2%，而中国的最高水平是

17.2%。

要吸收更多太阳能，得让光伏组件跟着太阳转。这里用了各种跟踪技术。比如，美国的 T0 跟踪技术，规模共 0.3 兆瓦，用一个小电机来驱动 5000 平方米的光伏组件，能做到"高精度跟踪，大规模联动"。

在一些光伏组件支架间，还可以种植作物，拖拉机也能开进来，这是"农光互补"的概念。虽说这里是沉陷区，但站上人员种的一点黄花，也泛起一些绿色。

当然，还得考虑光伏的性价比，不是越贵的越好。同时，不同的地方有不同的日照、风沙、温度等条件，这些都会影响实际使用的效果。

中国的光伏科研发展速度很快。中国实验室出产的光伏组件，也能打破转化率的纪录。但在量产方面，相比国外先进产品，国内还有差距。因此，得为之创造环境，使得先进技术能转化为量产的产品。

"领导就喜欢尝试新技术。其他人家不会用这么多新的东西。"站长董国飞是个年轻人，刚刚接待过来访的光伏制造商。

这种尝鲜勇气可嘉。尚武强在给媒体记者的答复中写到，贾家沟"不惜代价，冒着技术风险，尝试应用了国内五大光伏先进技术"。他还把自己这些尝试，视作国企责任的一部分。"把社会效益、社会责任，放在比经济效益更加重要的位置。特别是把国家光伏技术升级放在第一位。"

减产的煤

而煤炭消费正在逐年下降。2014 年、2015 年、2016 年，分别下降 2.9%、3.7%、4.7%。2017 年前 4 个月，煤业形势有所好转，全国煤炭消费增长了约 3.4%。

晋华宫矿的浮雕记录了矿上的发展历程

不过，据公开信息显示，截至 2015 年底，山西省煤矿总生产能力为 14.6 亿吨，而 2015 年省内煤炭消费和外调仅为 9.5 亿吨，产能建设超前，去产能任务艰巨。

在去产能压力下，2016 年，同煤集团要求各矿减量，不同矿减量比例不同。晋华宫矿年产量 500 万吨，今年限额是 330 万吨——少可以，多了不行。周六周日和节假日，井下不生产，给矿工放假。一年 276 个工作日，这也是之前没有过的。

晋华宫矿已很幸运，这里还有所剩不多的侏罗纪煤。因为侏罗纪煤发热量高，是优质动力煤，便于和其他各矿生产的煤进行配属销售，以达到燃煤标准。而千万吨矿井的标杆——塔山矿虽然大而先进，人力效率高，地下却只有石炭二叠纪的煤可采。

2002 年到 2012 年，是煤炭黄金十年。那时，同煤集团发的效益奖加上矿上的奖金，马志斌每月能拿八九千。如今他的月收入只有七千多。

去产能仍然是大势所趋，现下市场回暖，是关闭煤矿的最佳时机。

同煤集团总部所在的矿区市中心，
随处可见钟楼。守时是矿上的要求

最先枯竭关闭的是 5000 多人的同家梁矿，有 78 年开采史，年产量 300 万吨。地煤公司也关了两个矿，一共涉及 6000 多人，产量 375 万吨。同煤集团今年打算再关 3 座矿，减少 370 万吨。

而在整个"十三五"期间，同煤集团计划共退出 13 座矿，对应 1225 万吨的年产量。

但同煤集团还计划，在"十三五"期间，建 10 到 11 座千万吨矿井，释放先进产能。而研究人士认为，中国煤炭消费长期逐步减量的基本趋势不会变，继续扩大产能——哪怕是先进产能，风险也是巨大的。

矿好关，人难办。据称，有人转岗分流去了电厂。

还有的办了内退，或是接受劳务派遣，在集团其他部门做临时工。也有人去了高效的千万吨级矿井——但那儿毕竟不需要那么多人，人多就不高效了。

上次"人人二百三，共同渡难关"，是 1998 年煤炭低迷时期的口号。马志斌感觉，那时的工资似乎还欠着没发，但也就这样过来了。

4 月里，同煤集团的高层领导轮流去各矿"讲形势，亮家底"。同煤集团宣传部长赵历书说："不能让一个职工下岗。职工就像老父亲，没有啥技术，也不能丢下，还得养起来。"

他特别强调，这是社会责任。

"新能源如果上去了，我们的历史任务就完成了，煤可以不必采完。"他说。

中国的目标是，2020 年，非化石能源在一次能源消费中的比重要达到 15%，到 2030 年达到 20%。

运煤的火车从山间穿过，钢轨震颤。与两三百年前一样，煤靠自己的力量运输着自己。在这个迅速变换的时代，人们也想要跳过缓慢的光合作用。而山坡那边就是光伏电站。

不稳定的光

贾家沟蓝岭集电站后台屏幕上的抛物线，倘若凹下去一块，那可能是天上飘过一朵云。倘若这条线趴在地上，那么大概一整天都在下雨。

光是不稳定的。光伏电站的工程师和工作人员，

晋华宫矿附近，就有一大片光伏

面对的主要挑战，就是降低自然间歇性的影响。

光伏最早的试验田，是在上世纪 70 年代的太空。不仅光源稳定，巨大的先期投入也由美国航空航天局承担。当时大量文学作品预言，光电将广泛用于人类生活，但这至今尚未真正实现。

因为，大自然的能源供给可利用的数量越多，被使用的就越少。可谓慷慨与吝啬并存。

贾家沟的五千亩光伏组件，像是从天而降的海洋，运维人员时常在整齐的浪里孤独穿行，试图抓住更多的光。

贾家沟项目的大部分光伏组件，虽然架在坡度不一的地方，却都朝正南，以 35 度角展开——这是这个纬度吸收太阳光的最佳角度。

　　贾家沟有 10 兆瓦的光伏组件安装了追踪系统，这些追着太阳转的组件，比固定组件的效率提高 15%。不过，在日晒风吹之下，追踪系统相对故障率更高，日常维护成本随之增加。实际上，要运用新技术，就得承担这样的成本风险。

　　人类运用信息技术来掌控和利用自然。在集电站值班的工作人员，得 24 小时对着后台，用精确的数字与不确定的自然对话。这里能看到每一个支路串的发电情况，各种运行参数实时变动，人得随时抄表，发现故障并处理，估算下一天的预计发电量，并向上一级上报信息。

　　有许多故障必须抵达现场处理。五千亩的土地上，有一万多条支路，难免出现小问题：接地、线路松动或保险烧毁。

　　黄土高坡空旷而广袤。后台发现异常，运维人员就得开车去处理故障。至少两人同行，一人操作，一人监护。开过去十几分钟，有时得半小时以上。光伏组件的电路部分串联，人们无法从后台得知准确位置，需要在现场找到具体故障。有时需要一人托着另一人，才能够到光伏组件上端的电线，把它们接起来。

　　但无论人花多少力气去排查，最终决定能发多少电的，还是老天爷。环境、温度、天气、湿度，这些影响发电量的数据，也在后台实时变动。站长董国飞说："老天爷脾气好，你就多赚点钱。"

　　不像煤矿可以没日没夜地采，光最多只给人半天

贾家沟光伏基地，地面上有不少大坑

时间。从早上六点到傍晚六点，如果万里无云，后台会出现一条平滑的抛物线。但如果天气炎热，变压器油温高，故障率也会增加。如果阳光较好，人们又要考虑减缓对电网的冲击。

只要开动机器，煤可以随时取用，而取用光的设备，则在大地上静默着。人们得时时服侍着这些亮晶晶的板子，比如，偶尔擦拭一次。

4月临近结束，大概是受到中间一次停电检修的影响，眼看完不成本月发电量的任务，站上有人提出清洗光伏组件的建议。"现在咱擦一遍，效果大了。把板擦完，最起码上升两个百分点。"因为4月下了一次雪，灰尘吸附在板上，遮住了不少光。

同煤集团的另一片光伏基地在塔山，靠近煤矿。每隔一两个月，就得雇用附近农民来擦一次光伏组件。

虽说给这里起名蓝岭，但尚务强偶尔也希望下雨。"灰尘最好能通过雨水自净，但雨水多了也是麻烦。"大自然不可能总是如人所愿。

在2016年，中国已超过德国，成为全球光伏装机容量最大的国家。如今，中国的光伏装机容量接近全球总量的一半。

矿区

晋华宫的天多半是蓝的，空气里有清新的煤矸石味。这里有七千职工，连家属有三万多。矿区冬天供暖充足，到5月才算完。这里有充足的煤，发热是发电的副产品，这令人越发感到大家庭的温暖。

　　每到下午两点多，大家庭中的老人便三五成群出来晒太阳，似乎要补足在井下亏欠的阳光。有些人坐在轮椅上，少了一条腿。他们曾经操纵着机器，也听命于机器的节奏。上了年纪的寡妇们，每到下午就聚在一起，讲着自己的疾病与治病的经历，或养鸡、喂牲口这类琐事。

晋华宫矿的体育馆，总有老人晒太阳。也有人坐着轮椅

　　矿区在老去。夜市上有人摆摊卖寿衣，总有三两位老人去挑拣，大家并不避忌想象死亡。晋华宫矿的住宅区，常能见人办白事。马志斌一冬能见十次左右丧事。一场仪式通常七天，雇一班鼓匠和一些唱戏的。戏台上总有一条对联："门前观孝子，院内看梨花。"

　　即使矿区的人在老去，矿上人力资源也并不缺。东北高校煤炭专业的毕业生，如今得到这里，才能谋出路。同家梁矿关闭之后，矿工们就地成立矿业公司，去其他矿上揽活。

　　晋华宫矿不大。人们在饭店吃饭，总在邻桌遇到好友，总要互相敬酒，呱唧一番。

　　同煤集团还为有本科学历的集团子弟敞开大门——只要再去读采矿专业，回来就能安排就业。虽然煤总有一天会采完，但大部分家长还是想在自己眼前安排好孩子的未来——倘若不够优秀，还不如在大家庭享受温暖，哪怕是共渡难关。也有年轻人先当兵，再回到矿上当矿工。

　　"我们矿工子弟，想当个煤矿工人当不了。唯一的渠道就是当完兵复员以后，安排个井下工作。煤矿工人要求也低。一个是盼企业煤价高点，多卖点钱，工资高点。再者回家能有个热乎的饭吃，出井不用等，就能坐车回家，吃完饭休息休息。"

要是去了大城市，就全得靠自己奋斗。马志斌的儿子在上海做码农，有能力买房。马志斌做好了当候鸟父母的准备。他说："不反对他的选择。"

矿区在进行绿化。晋华宫矿的办公区附近，这个春天要种樱花和玉兰。人们趴在地上挖树坑，却挖出不少砖石——大约是建矿时留下的建筑垃圾。坑怎么也挖不深，种下的树不知能否成活。据说，对面云冈石窟的山上，人们仿佛愚公一般，盖了一米五的土，种下的松树也活了。

云冈石窟的大佛，面向矿区

马志斌小时候，住在现在云冈石窟停车场的位置，翻墙便可进入石窟去玩儿。多年来，凡是有领导前来视察，同煤集团总会安排晋华宫这一站，顺便观望大佛。

托大佛的光，晋华宫矿多年前便已开发旅游业。晋华宫矿负责运营晋华宫国家矿山公园。这个公园是矿山环境整治项目。小山由煤矸石堆成，覆盖黄土以隔绝空气避免自燃，又在上面栽了草和树。游客登上望佛台，云冈石窟的大佛就在眼前，需要用望远镜才能见到。

矿山公园里，还有个矿山博物馆。在玻璃展陈柜里，各种型号的煤与恐龙蛋、鱼鳞石放在一起。观者惊奇地发现，前者的光泽似乎更接近太阳。

云冈石窟的佛像

旷野

天气晴好、空气干净，这是光伏发电的优势条件，大城市的人总归是羡慕的。但在这样的旷野，只有十来个同事，未免有些孤独。

这个部门是同煤集团人最少的机构之一，一共就十来个人，维护着五千亩的光伏设施。

山上搭起的集装箱房里，有饭厅和宿舍。两个班组轮换，上班七天，休息五天。与矿上一样，这里的工作人员都是男性，但大多是"90后"。

这里六点半起床吃早饭，七点半开晨会。但大家无须看着家人的照片宣誓。开完晨会，就正常巡检。

中午十一点半到十二点吃饭。中午休息两个半小时。从下午两点半再干到晚上六点。

与矿区大家庭的气氛不同，这里的文化是自给自足。站上请了村民来烧饭和打扫，午间各人拿着贴了自己名字的餐具吃饭，在集装箱房里吃饭时，抬头会望见大片光伏组件，像大海上静止的波纹。餐后得自己洗碗。"90 后"的男孩饭前饭后，少不了玩一把王者荣耀。

集电站里的日常工作静默而枯燥，整日里盯着后台电脑屏幕的指标，与小伙伴去现场处理故障，也算是开心一刻。

这份工作得走很多路。董国飞有一次检查，每天开车，到达每个方阵，走过每一块组件，用了将近三个月。他说："有的时候任务重，回去倒在床上就睡着了。"

光伏对自然的扰动比较小。山间还常能见到野鸡野兔。

除了沉陷的地坑，站上还挖了许多树坑。按规定，作为业主单位，同煤集团需要投入每亩 3000 元的生态恢复保证金，请专业绿化施工单位来进行造林绿化。董国飞说："夏季会更有看头，草多一些。"但眼下还很难分清树坑和塌陷。一些干枯的草趴在地面，不知是种了没活的，还是地上原有的。未来可以按照正常节气播种。但这里缺水，站上也不一定自己种菜吃。

一切都要省着来。"去年到前年，煤炭行业都不是非常景气，集团现金流比较紧张。我们采取了好多措施，降低投资，进行招标。"

尚武强想方设法降低成本，而光伏制造行业技术进步，也迅速拉低了产品价格："我们的总投资概算8.96亿，实际最后招标的市场价是7.59亿，下降了一个多亿。从去年到今年，又下降一个多亿。这样老下降，到2020年和2025年，会是什么水平？"

在充满阳光的小会议室里，尚武强掀开绿色的桌布，下面竟是一排排木条。"买一块布，这就是一个桌子，要是买一个会议桌，得花几万块钱。"

年轻人比较辛苦。国企要算级别和工作年限，董国飞的收入在同行业不算高，但年轻人不很在乎当下收入，更看重未来发展。"在光伏这块，就是跟寂寞打交道，谁耐得住寂寞谁就能提高自己。多看看书吧。"

这个行业不需要太多人手。"一个煤矿就是两三千人，我这个电站，只有十几个人就够了。"尚武强还设想，未来用无人机和红外摄像，监测光伏区的温度，能更有效地发现异常。"通过技术来加强管理，提高效率，减少运维成本，减少人员。"

尚武强说："没事干也是非常恐慌的，我们这些孩子，好多时候就是无事，但他们没有生非。所以我让他们学习，这个行业要进步，技术要进步，人要进步。"

鄂市：成吉思汗守灵人

澎湃新闻记者 吴海云

守灵人那楚格和他 36 岁的儿子青白以及 4 岁的孙子

　　凌晨四点，62 岁的那楚格和他 36 岁的儿子青白已经起床，简单洗梳一下，就赶到了离家不远的成吉思汗陵园。

　　这一天是 2017 年 4 月 17 日，也就是蒙古人一年中最大的祭祀——农历三月十七至二十四的查干苏鲁克大典在这个丁酉年的主祭日。

　　青白和他的同人一起，细心打扫着成吉思汗陵宫的内内外外。不知不觉，旭日东升，占地 80 平方公里的成吉思汗陵园，渐渐聚集起了将近 10 万名蒙古族人。很多人都穿着传统服饰，手捧蓝色哈达。他们从四面八方赶到这里，为的是祭拜"圣主"成吉思汗，看一眼陵宫内那将近八百年不灭的长明灯。

　　上午九时，主祭开始。九九八十一个达尔扈特人，唱响了"伊金桑"——

　　圣主成吉思汗和您的盟友，

　　一同享用这虔诚圣洁的盛奠，

　　赐给我们平定一切骚乱的神力，

　　赐给我们驱逐一切病魔的神力，

　　赐给我们消除对立纷争的神力，

　　赐给我们获得无量福禄的神力，

　　赐给我们增加智慧的神力，

　　赐给我们发挥威势的神力；

　　……

一

　　那楚格和青白都是达尔扈特人。"达尔扈特"为汉语音译，意为"肩负神圣使命的人"——那个神圣的使命，就是为成吉思汗守灵。

　　公元 1227 年，成吉思汗在征讨西夏的途中病逝。蒙古族萨满教相信万物有灵，人死之后灵魂不灭，而其灵魂在于他生前所用的物事上。在一代天骄弥留之际，守护在身旁的部将（又一说为萨满巫师）取一缕白色公骆驼额头绒毛置于他的口鼻，收入他的最后一口气，放入袋子之中，作为灵魂的象征，后人称之为"青德尔温胡日赤格"（cindariin huurcag）。这绺绒毛连同成吉思汗画像和部分遗物一起，被安放在"八白宫"内进行供奉。

　　在那之后，成吉思汗的灵魂由达尔扈特人守卫。他们天天更换成吉思汗灵柩盒的长明灯，每日诵读伊金桑、苏勒德桑，月月进行小祭，每季举行大祭，年复一年，世代相传，至今已有近八个世纪。

　　在很长一段时间内，放置灵柩盒的"八白宫"是一个可移动的毡帐，这是蒙古族灵魂观念、游牧生产方式和生存环境共同作用的产物。因为，这样既适应了游牧特征，更保证了祖灵祭祀不断。一旦遇到天灾人祸，也可随机应变。

　　以下这个发生在近代的故事可以为这种"移动祭奠"提供佐证：抗日战争时期，日本人妄图通过八白宫来控制蒙古族，但遭到强烈反对。为保护祭祀圣物免遭破坏，达尔扈特人向国民党政府提出西迁八白宫的请求。国民党政府于 1939 年派兵护送，将成吉思汗灵柩等圣物迁至甘肃省。1949 年兰州解放前夕，甘肃的马步芳为巩固自己在西北的势力，又将八白宫迁往青海塔尔寺。

1954 年，在外游离 14 年的成吉思汗圣物被迁往故地——鄂尔多斯市的伊金霍洛。之所以选址在此，是因为据记载，成吉思汗当年带领他的蒙古铁骑西征，在经过鄂尔多斯伊金霍洛草原时，被这里美丽的景色吸引，吩咐左右："百年之后可葬我于此地。"

1956 年，成吉思汗陵建成，分散在鄂尔多斯市各旗的成吉思汗画像、苏勒德、宝剑、马鞍等圣物集中到此。从此，移动、分离祭祀的习俗变为固定、集中祭祀。原先由"黄金家族"垄断的成吉思汗祭祖活动，也开始对外开放，面向所有的蒙古族人及一切敬仰成吉思汗的人们。

然而，守护成吉思汗的仍然是达尔扈特人。1956 年新陵建成时，有关方面派了 8 个达尔扈特人负责日常祭祀、守灵，享受粮食和薪金定额补贴。今天的成吉思汗陵园已经扩展为一个有 400 多名员工的正处级单位，但负责祭祀的依然是有"纯正血统"的达尔扈特人，目前人数不到 40 人。

二

当然，并不是所有的达尔扈特人都负责成吉思汗的守灵与祭祀。

清朝康熙年间，清政府从鄂尔多斯人中抽出一部分人，重新组成"五百户沙日达尔扈特"，专为成吉思汗守灵司祭。到了今天，这些达尔扈特的子孙后代已达 1500 人左右，他们当中，只有 30 户左右有"资格"担任成吉思汗陵园内的祭祀工作。

而在这 30 户中，也有严格的等级与分工。这种等级和分工是从清朝所建"五百户沙日达尔扈特"内部的"八大牙门图德"仪式主持人制度传承下来的。比如，只有"太师牙门图"户的人，才能担任仪式的首领；只有"洪晋牙门图"户的人，才能掌管仪式中的礼乐。这"八大牙门图德"的人们，可以说是直接参与仪式的核心群。

而在"八大"之外，负责仪式辅助工作的牙门图德也分工严密，比如"拿火灶者""迎请者""端圣酒杯者""春季大典洒祭仪式跑场数计算者"等等。

像那楚格，虽然他曾经当了十几年的成吉思汗陵旅游区管委会副主任，行政级别不低，但却不可能在成吉思汗四时大典中负责仪式祭礼、诵读祭词这样的"核心"工作；他的儿子青白也不可能。

再比如，今年 49 岁的哈斯毕力格，是一位牙门图德，其职司用通俗的话讲是"唱天歌"。那楚格告

2017年成吉思汗春季查干苏鲁克大典上航拍的成吉思汗陵。查干苏鲁克大典，农历每年三月十七至二十四日举行，其二十一日为主祭日，前后历时八天，是成吉思汗祭奠中最隆重的一次祭祀活动

诉记者，哈斯毕力格唱的天歌，其实他们达尔扈特人都会唱，但在仪式上，只有哈斯毕力格能唱；以后，则是哈斯毕力格的儿子来唱。

　　此外，达尔扈特的文化"男尊女卑"。历史上，达尔扈特人依靠"子承父业"传承司祭传统，如果实在没有儿子则以"过继"来解决——女性被完全排除在这一体系之外。时至今日，依然如此。记者询问在成吉思汗陵园工作的达尔扈特人，以后有没有可能让女性参与司祭，得到的回答千篇一律，"这个绝对不可以"。

可以说，达尔扈特人不但铸就了"为成吉思汗守灵八百年"这样的壮举，还以其对严密制度与组织的沿袭，完整地保留传承着13世纪蒙古族祭祀文化、宫廷文化和民俗礼仪文化。这种看似与现代文明格格不入的体制，也许，又恰恰是他们得以坚持八百年的重要原因。

"很多记者都来问我，为什么你们达尔扈特人能坚持八百年。我说，其实我们也不知道，但是我一直在想这个问题。"那楚格说，"在我看来，可能有两方面的原因。"

"首先，可能是因为血脉。我们达尔扈特，有忠诚的血脉，忠诚的基因。"

达尔扈特的先祖是成吉思汗的"怯薛军"。"怯薛"为蒙古语，意为轮流值宿守卫之意。成吉思汗生前从自己的随从人员和万户长、千户长、百户长、十户长的子弟中抽调人员，以"忠诚"为最重要的标准，组建了这样一支护卫部队。在成吉思汗看来，做他的护卫，"忠诚"比"勇敢"还要重要。

"其次，可能是因为我们蒙古人，信天，信祖宗。"那楚格说，"所以，如果有个达尔扈特人在人生某个关口想做其他的选择，他一定会犹豫、会痛苦：祖先传下来的神圣使命，如果到我这一代放弃了，那祖先让不让？子孙让不让？天让不让？"

三

达尔扈特人恪守传统，但他们也知道，自己已经走入现代。

进入 21 世纪，那楚格和青白也和其他的达尔扈特人一样，从原来的四合院平房迁入楼房新居。新的楼房很漂亮，但达尔扈特的许多传统习俗受到了限制。比如，从前所有达尔扈特的院子里都有桑更苏日祭台，住到楼房里无法设置祭台，传统祭拜便无法进行。

但达尔扈特仍然想办法延续传统。比如，没有桑更苏日，便制作桑更苏日模型，每日供香，象征性地进行祭拜。

他们知道，要继续传承"神圣的使命"，最大的难点不在形式，而在人心。

"时代变了。现在达尔扈特的年轻人，跟全国农村里的年轻人一样，向往大城市，不想在我们这个小地方待着。这个，我们其实也可以理解。"那楚格说。

幸运的是，那楚格自己的家里并没有发生这样的情况。他有两个儿子，其中大儿子青白，大学一毕业就回到成吉思汗陵工作，至今已经 14 年。"我从来就没想过人生会有其他选择，这就是我们家族的使命。"青白对记者说。

但显然，不是所有的达尔扈特年青一代都这样想，他们中不少人选择了其他的生活方式，比如当公务员、从商等等。

现代化的力量是如此巨大和汹涌，文化、宗法、历史的传统很难与之抗衡。对于达尔扈特人来说，他们要维护传统还有一个特殊的难点——他们所继承的传统是家族"秘传"，许多无法用现代学术的方式进行资料整理与保护。仪式回酒要注意什么？仪式的次序如何掌握？如何在赞颂的同时用带油脂的食物进行涂抹，正确地作出"抹画"这种献祭行为？

这些知识和规矩，有相当一部分都涉及"秘密"，是达尔扈特人心中某种超验的存在，只能通过父子之间的口口相传，宁可失传，也绝不外泄。

记者在采访过程中就深深地体会到这一点。当向达尔扈特守灵人询问"您在成吉思汗陵主要做什么？"这样在记者看来稀松平常的问题时，对方总是以"这没什么好说的"来搪塞。

如果说，达尔扈特人所担负的"神圣的使命"，必须通过父子间的言传身教才能传得下去，那如果今天的年青一代都被卷入现代的，抑或商业的大潮，传了八个世纪的成吉思汗祭祀，就有些危险了。

当然，这可能只是杞人忧天。从小处说，这两年，就业形势日益严峻，让在成陵司祭再度成为一项有吸引力的"工作"。毕竟，对于那些有资格参与成吉思汗祭祀的达尔扈特人来说，继承祖先传下的那份职司可以享受国家公务员的待遇，一个月能拿至少五六千元的工资，在当地，可以算是不错的了。

"所以现在，我们可以对达尔扈特人提些要求了——你们要好好培养自己的儿子，不说本科，但至少要有个大专学历。"那楚格说。

而从大处说,人们恐怕永远不能低估成吉思汗在蒙古族人,尤其是达尔扈特人心中的地位。每个达尔扈特人的子孙在刚懂事的时候,就会被反复教育要热爱、崇拜他们的"圣主",相信圣主会庇佑他最忠诚的子民。

那楚格的孙子、青白的儿子阿吉泰,今年才4岁,还没懂事,但已经跟随父亲和爷爷参加大大小小的成吉思汗祭祀。青白说,等阿吉泰长大,也许会有其他的人生选择,他会尊重,但如果他选择子承父业,"那是最好的事情"。

四

今天这一代司祭的达尔扈特人,面临的一个新问题是,来到成吉思汗陵园的人,大部分并不是来祭拜成吉思汗的——他们只是来此旅游。

近年来,鄂尔多斯市提出要依托成吉思汗陵的文化资源,鼓励发展旅游文化,成吉思汗陵这个国家5A级旅游景区,自然成为当地政府重点打造的旅游产品。

2004至2006年,成吉思汗陵实施大规模改扩建工程,项目包括美化周边环境、改善达尔扈特居住条件、恢复生态、供奉物维护、新建景点、新增设施、陵宫维修等。以陵宫后殿中心为起始点,到陵宫南的旅游区,形成了一个长达几公里的中轴线,此线左右

人们在成吉思汗陵内祭拜

形成方圆 80 公里的旅游大景区。

　　这些年，在成吉思汗陵宫以外的大景区内，又陆续开发出一些旅游产品。比如，骑马、骑骆驼、蒙古包"农家乐"、可以观看"蒙古传统婚礼"的文化剧场、在建的成吉思汗历史文化博物馆等等。

　　普通游客来到成吉思汗陵园，是来旅游的。他们中有人不满意偌大的陵园内竟没有几处可以休息的地方，有人不明白自己明明关了闪光灯为何还不能在陵宫中拍照，有人不理解那些在陵宫中的达尔扈特人为什么那么不愿与人交谈、"服务水平有待提高"，很多人甚至从来没有听说过达尔扈特人。

传统的祭奠文化和现代的旅游产业发生了冲突。

"我们并不反对旅游开发，怎么可能反对呢？这一来是大势所趋，二来也能推广成吉思汗文化。"青白对记者说，"我们达尔扈特人，对前来成吉思汗陵园的人都非常尊敬，只是普通游客和信奉者，在我们这里得到的是不同的待遇。"

青白所说的分别对待是指，普通游客须购买门票方可进入陵宫，而祭拜者则可以免费进入，并根据祭品的种类和多少受到不同的待遇，举行不同的祭祀仪式，比如哈达祭祀、圣灯祭祀或者全羊祭祀等等。

此外，祭品的价值也不以价钱，而以"传统"来衡量。比如，一瓶茅台酒价钱高于一只全羊，但带着茅台祭拜成吉思汗，肯定不会得到达尔扈特诵读全羊祝福词的待遇。

当然，对于达尔扈特人来说，旅游开发再重要，也不能高过祭祀的重要性。

"这些年，有个别领导表示，成吉思汗陵园要旅游第一、祭祀第二，这就本末倒置了！"那楚格对记者说，"旅游只是这个时代的一件新事，而我们达尔扈特人已经守灵八百年了！"

"我们在战火纷飞的时候守，颠沛流离的时候守，吃不饱饭的时候都坚持守。你现在搞旅游，我们守；哪天不搞了，我们还是会守下去。"

鄂尔多斯：草与绒

澎湃新闻记者 王昀

鄂托克旗牧民刘润英家里养了两百多只阿尔巴斯白绒山羊。到了禁牧期，它们不能去草场吃草，需要舍饲

　　绒山羊一生大致有三种重要的使命：抓绒、下羔、被宰卖肉。

　　如果你是一只阿尔巴斯白绒山羊，随着太阳在鄂托克旗的草原上停留的时间越来越长，你会发现自己身上的绒毛越来越不合时宜。到了 5 月里，牧羊人会把它们收集起来。有时用铁丝的耙子薅，像拔人的头发；有时用大剪子剪，会剪到皮肤出血。各有各的疼法，轮不到你选。

　　要是不剪不薅，你身上的这些绒也会慢慢脱落，掉在阳光下的灌木丛里。

　　这些绒是从 8 月长起的，一直长到 12 月。随着日照时间持续缩短，长绒最先是在背上，然后是侧边，最后是肚子。这些绒又白又细，细密地贴着皮肤，迎接将要到来的冬季。它们比长长的粗毛保暖。

　　不是所有山羊都有长绒。世代生活在这里的阿尔巴斯白绒山羊，以羊绒应时生长和脱落的办法，来适应这里的巨大温差。

　　阿尔巴斯山区位于鄂尔多斯高原西北部。20 世纪 50 年代，一支牧场勘察队在这儿发现了一群个大毛长的山羊，使用"阿尔巴斯"为之命名。后来，全世界对羊的兴趣，可能要远超过这个山区。因为，羊绒本身便是既珍贵又稀有的"Cashmere"，而阿尔巴斯白绒山羊所产的，又是品质最好的一种羊绒：直径普遍低于 14.5 微米，不仅洁白，还又韧又长。

　　尽管外国人对阿尔巴斯白绒山羊感兴趣，它们却不能去海外。1993 年，包括阿尔巴斯白绒山羊在内的

正在剪羊绒的鄂尔多斯鄂托克旗牧民刘润英。鄂托克旗是阿尔巴斯白绒山羊的原产地

内蒙古白绒山羊，被列为禁止出口的种质资源。传说中，意大利人十几年前曾偷偷运走几只，但那些羊去了那边水土不服，很快便不幸死亡。最后，只有阿尔巴斯白绒山羊身上的绒才能漂洋过海，被运往意大利和英国的纺织厂，制成纱线，成为大牌奢侈品的面料。

草

如果你是一只阿尔巴斯白绒山羊，那么这里就是你的安乐窝。这里是北纬 39 度的草原化荒漠，年平均气温 6.14 摄氏度，年降雨量 300 毫米左右。草原上，牧草一共 140 多种，有藏锦鸡儿、柠条、针茅、沙蒿、芨芨草、碱草、花棒、狭叶锦鸡儿。你就是吃着这些养生草药长大的。

你的同伴可能有两百多只，牧主家里有四千多亩草场，这是在鄂托克旗较为常见的养殖规模。你的活动范围可不小，按照规定，羊均占地面积不得低于 20 亩，免得牧草的生长跟不上羊吃的速度，以致草场逐渐退化。除了两只种公羊，羊群里基本都是母羊，个别有被阉割的公羊。

被放的羊是最开心的。你早上去草场，中午会回家喝水，下午再出来一回，一整天都自由自在。牧羊人开着摩托车，一路上跟着。

你到了草场上，任务就是逛吃逛吃，一路能兜 30 公里。一边吃着，一边就把排泄物还给土地。你每天吃掉的牧草和饲料，相当于体重的 3.5%。食物里的粗蛋白和矿物质是羊绒生长的养分。你要是吃得太多，就会能量过剩，身上会长更多肉和粗毛，绒也会跟着变粗。没准儿这个秋天就会被优先杀掉卖肉了。

每天都是两百多只羊一起出门吃草，有时得拼体力。走得快的羊吃得多，怀了孕的母羊行动不便，只能跟在后面，眼前的草都是前头的羊吃剩下的。逛吃逛吃当然开心，但一路上跑得兴奋，消耗过多，也会影响绒的生长。牧羊人让绵羊同行，一路得让慢吞吞的绵羊跟上，你也会不自觉放慢速度。

在草场奔跑的日子有限。从4月初到7月初，是禁牧期，你得接受舍饲。这意味着待在圈里，吃些牧羊人储备的玉米等口粮，等待草场上长出更多草。这些储备粮口味单调，你能吃饱就不错了。

更难过的是，你与其他羊只能在一两平方米的空间中活动，这就难免磕磕碰碰。为了饲料和水或休息的地方，你得和其他羊争斗，用角相互顶对方的肚子，往往令子宫和乳房受伤，甚至使羊羔流产。有的羊因伤死亡，有的羊不能再生羔，秋天就会被杀掉卖肉。这听起来像是一出后宫剧。

阿尔巴斯白绒山羊，过去可不是这样被饲养的。那时人们在大草原上逐水草而居，羊每年跟着蒙古包走得很远。每天放牧时，各种牲畜成群结队，一路各取所需。大羊小羊、怀了孕的母羊，走的距离不一样，它们分别有人放牧，可以在自己的牧道上，吃自己需要的草。

如今，如果你是一只阿尔巴斯白绒山羊，那些更远的草原便成了无法抵达的地方。出去吃草固然快乐，但不能进入别人家的草场，你就得在自家草场边缘兜一圈，再折返到定居的地方喝水，这一路绕了个三角形，走的距离比游牧时期的羊更长，难免影响绒和肉的生长。也不再有人手以畜群管理的方式放牧，如果你是怀了孕的母羊，还得回家补充一些草料。牧主的草料开销也因此增加。

牧主当然更愿意定居，免得漂泊不定。定居则意味着固定草场，既然羊群不能换地方吃草，总得让固定的草场有休养生息的时间。从上世纪末开始，鄂尔多斯的各个牧区，逐渐有了禁牧与休牧的规定，可以视为以时间换空间。

而上世纪末，羊绒的价格是如今的两倍，人们自然热衷于养阿尔巴斯白绒山羊。山羊胃口好，绵羊和牛不吃的灌木，山羊也一样能吃。而且山羊身手矫健，哪里都能跑，就连长在峭壁上的草也吃得到。有人提出，需要针对过度放牧而采取措施，因为草原上的山羊数量太多，啃食了太多灌木和草，导致草原沙化，也使得北方沙尘暴愈演愈烈。

但也有学者提出不同意见。他们认为，这里的生态系统原本就不平衡，是每年飘忽不定的降水量决定了草地的演替，而不是放牧了多少牲畜。

这些学者认为，那些养绒山羊数量多的地方，是农业区、工矿区、半农半牧区，在那里，人们采用粮食和秸秆喂养，羊的数量看似超过草原负载的程度，但实际上与草原无关。

　　而在半荒漠的草原上，载畜量远未大到让草场退化的程度。要是土里的有机质增加——比如，羊的粪便都回到草原上，植物纤维素被消化分解掉，再还给土地，那么，土壤就是在恢复中。如果不放牧，有机质不会增加，还会随着牧草的生长而减少，因为纤维素无法回到土地。另外，羊啃食灌木，也能刺激它的分枝生长；但如果灌木不被啃食而疯长，就会影响下面草的采光，一些牧草也会随之减少。

　　不知草场上的草是不是被绒山羊吃少了，我只知道，牧羊人最盼望的是下雨。赶上哪年雨水好，牧草就长得好，能省下一些备料的钱——在禁牧期之外，比如冬天，羊也得随时指望着这些储备粮。而这里每年干湿不定，不同年份草量相差四到六倍，牧羊人每年的备料开销波动也大，旱的时候要五六万，雨水好的时候只要三四万。

绒

　　每年的草料钱，需要靠卖羊绒来攒。到了5月，眼看羊身上的绒要脱落，牧民人手不够，就请邻居来帮忙。被绑起来的阿尔巴斯白绒山羊，咩咩直叫，金属在皮毛之间拉过。厚重的毛发脱离身体，羊就进入一个清爽的初夏。

　　大部分羊的绒是剪下来的。一是牧区人手不够，剪绒更快和省力，剪一只羊8元钱，而抓一只羊要20元；二是这时正值禁牧期，羊吃不到天然牧草，晒不

羊绒加工厂里，工人把原绒装好，放在仓库里

到太阳，倘若饲料不够，营养不足，身上便顶不起绒，强行抓绒也会损害毛囊，影响下一年的出绒量，还不如用剪子直接剪。

如果你是一只阿尔巴斯白绒山羊，羊绒直径又超过 15 微米，那么你大约有些辽宁盖县绒山羊的血统。

上世纪 90 年代末，人们追求产量，引进了产绒量高的盖县绒山羊，与阿尔巴斯白绒山羊杂交。原本羊绒越细品质越好，而产绒量高就意味着牺牲细度，阿尔巴斯白绒山羊的绒直径在 14.5 微米以下，盖县绒山羊的绒要超过 16 微米。但当时羊绒供不应求，原绒每公斤 400 多元，是现在的一倍。人们也不在乎品质，粗细一个价。

那些年，羊绒供不应求，人人以高产为荣，能多产多卖多赚钱才好。羊绒加工厂为鼓励高产，还在全旗评选"绒王"，第一名奖金一万元。一只辽宁盖县绒山羊的种公羊，价格要六七万元。

直到 2006 年，意大利的纺织品厂商发现，阿尔巴斯白绒山羊的绒明显变粗，有向蒙古看齐的趋势。蒙古羊绒直径 17 微米左右，品质低端价格低廉。意大利人担心这里的羊绒会变得粗劣——他们需要的绒，直径得在 15.1 微米以下。

这种反馈使得羊绒加工厂紧张起来，赶快联合鄂托克旗，开始施行"保种"措施，而不再评选产绒量最高的"绒王"——那绒太粗，几乎成了"毛王"。

而且，在低端市场，中低档品质的羊绒越发不稀缺。这两年，蒙古羊绒产量陡然上升。从年产三千吨

在羊绒加工厂，师傅会判断原绒的优劣程度，同时根据市场行情，确定收购的价格

变成八千吨。

保种当然是要保阿尔巴斯白绒山羊的种。2007 年开始，为鼓励牧民养绒更细的羊，只要是直径在 14.5 微米以下的羊绒，羊绒加工厂都按当年市场价的两倍收购——每公斤大约 400 元。两年后，改为每公斤多给 50 元补贴，而政府给的保种补贴是每户 2000 元。

二十年前，羊绒由细变粗容易。那时单价高，牧民有动力提高产量，进而增加收入。但如今要让羊绒由粗变细，牧民就得为品质而牺牲数量，能否赚钱还是未知数。因此，没有补贴是不行的。

毕竟，羊绒的细度和产量负相关，这是颠扑不破的真理。补贴也起了效果，近十年来，据羊绒加工厂统计自家合作社的数据，收上来的羊绒直径由当年的 15.8 微米降到 15.4 微米左右。

但如今市场行情不好，要让阿尔巴斯白绒山羊后代的绒一代比一代细，牧民就得采购更好的种公羊，也需要数年时间，等待种群的更新换代。牧羊人始终担心，提高羊绒质量的所得，抵不上减少产量的亏空。

世上哪里有两全其美的事。高品质的羊绒，要是能又细又多，便不再是"cashmere"了。

在鄂托克旗的羊绒加工厂，不少记者冲着"软黄金"之名而来。他们闻到羊身上的味道，看到车间里的粉尘，以及生产线末端流出的轻盈的绒。那些像云朵一样的东西，将被运往遥远的地方，穿在模特身上，看起来轻盈而有质感。来自国外的无毛绒订单有一百吨。

最贵的羊绒叫做 1436——细度 14 微米，长度 36 毫米。鄂尔多斯集团正在打造这个以当地最好的羊绒品质为名的奢侈品牌。周岁白色小羊的蹄部和肩部的绒毛才满足这个要求，一年只有一百吨原绒，加工成无毛绒，大约只有二三十吨。

国际奢侈品牌中始终有羊绒制品。作为品质最好的动物纤维，羊绒成本在纺织品价格中占比较大。但相比奢侈品本身的附加值，这实在可以忽略不计。奢侈品的需求太小，恐怕无法拉动牧民增收。

如今原绒的价格低，直接影响绒山羊的口粮。

如果你是一只阿尔巴斯白绒山羊，身上大概会产出一斤原绒，按照原绒每斤 110 元到 120 元，你给牧羊人带来的收入刚过 100 元。而你要充分保证营养，在舍饲阶段，需要每天吃掉 3 元钱的草料和饲料。算算看，光三个月的禁牧期，你就要吃掉 270 元的食物。也就是说，卖羊绒的钱还不够你的草料开支。既然生不逢时，羊绒卖不上价，那么你的口粮也会缩减到无味的程度。

牧民得靠卖羔来增收。牧羊人大概会安排你冬天产羔。7 月把种公羊放进羊群，你可能在 8 月怀孕，12 月生产。大部分羊一胎生一只羔，有的是双胞胎，也有生三胞胎的。平均四只母羊里，有一只能生双胞胎。据说，如今的配种方向，除了让羊身上的绒一代比一代更细、品质更好，也包括提高产羔率。因为，阿尔巴斯白绒山羊的后代中，可能有更多的羊会生出双胞胎。

鄂尔多斯集团打造的奢侈服装品牌，以当地最优质的羊绒品质命名

如果你是一只阿尔巴斯白绒山羊，你大概会希望生母羔，这样可以和自己的孩子在一起更久。整个羊群里，有种公羊配种就够了。羊绒价格高的那几年，公羔也会被养来产绒，如今公羔则会早早被卖掉。四个月的羊羔就可以卖，一只能卖 400 元。

鄂尔多斯羊绒加工厂。原绒在这里被分成无毛绒

这只是把相处时间拉长一两年。到了三四岁，羊就会被牧主拉去宰杀卖肉。羊肉是按斤算的，一只羊差不多能卖到八九百元。这里的草使得羊肉质鲜味美。阿尔巴斯绒山羊的肉，也是地理标志产品。

我认识的一位牧民，也想让羊绒变细，但她犹豫着，不知未来行情如何。好的种公羊也实在太贵，要两三万一只。今年还是打算多卖点羊羔，也多卖点大羊。也有很多牧民放弃了养羊。2005 年，鄂尔多斯绒山羊总头数是 2962 万只，到 2009 年减少到 1752 万只，少了将近一半。

也有牧民扩大了羊群的规模。他们为了更好地喂养羊群，摆脱靠天吃饭的状况，便在草原上打井，并采用喷灌设备，在自己的草场上灌溉富于营养的牧草，这样阿尔巴斯白绒山羊就能吃上紫花苜蓿。但地下水越打越深。而为了摊薄这些先进设备的成本，牧民自然就要养更多的羊，也就需要更大的草场。

原绒的价格总在波动，未来可能走出低谷。但作为一只被人饲养的羊，生命的末尾还是在案板上。羊的自然寿命是 18 岁，但这些阿尔巴斯白绒山羊一生大概只有四个春天。4 岁的羊刚刚成年。羊群永远年轻。

安康：移民的进与退

澎湃新闻记者　石毅

七堰社区作为陕南移民安置点示范点，村里挂着很多标语，"搬得出，稳得住，早搬迁，早脱贫"

沿着山沟去往村里的道路只修到半山腰便戛然而止，前方的路上堆满了乱石和杂草，大部分房子都成了废墟，只剩残垣断壁。

即便残败如此，村子并没有被人完全遗弃。山坡上突然传来小羊羔细软的"咩咩"声，这声音越来越响，几只小山羊突然跳下岩石。它们的主人怀胜堂就跟在后面。再往山谷里一看，路边一块块零星的农田里长出了油菜花和其他蔬菜，过了一阵，有都直不起腰的老人冒出来，拎着篮子要去摘菜。

七堰社区搬迁后

这是陕西省安康市汉滨区七堰村搬迁后 7 年的模样。2010 年 7 月，一场暴雨导致泥石流滑坡，埋葬了村里 29 条人命。一年后陕西省宣布实施一项涉及 280 万人的大移民工程，计划让地处偏远、贫困和地质灾害多发区的村民搬离老家，住进新的乡镇。

这里是秦岭最南端。从前，秦岭是"天下之大阻"，分隔了南北气候，这里还是秦岭和胡焕庸线交汇的地方，巴山连着它的南部，分隔了汉中和四川两大富庶的平原，山区河谷深切，原本的旅行要翻越崇山峻岭，"蜀道之难，难于上青天，使人听此凋朱颜"，但现在，贯穿秦岭的隧道通达，几个小时就可以翻越南北。

七堰社区旧景

财富和技术正深刻地影响这深山里的村落。随着高速公路深入，崭新的村庄开始越来越多地出现在道路两旁。你可以一眼将它们和旧村落区别开来——千篇一律的房屋一簇簇挤在被开凿出来的平地或缓坡上，它们正是陕西移民计划所着眼的地方。

放眼全国，为了实现脱贫目标，中央正在实施一项涉及上千万人的异地扶贫工程，仅在"十三五"期间，这项工程就计划搬迁 1000 万人。其中，陕西、四川、湖北、贵州、广西的移民计划都超过百万人，堪比三峡大坝移民量。

不过在许多地方，实际搬迁的人数常低于政府的预期。秦岭里的一些新村，往往只有房子而没有居民。有的偌大一个村子，却只有寥寥十几户、几十户长期居住。

这些问题七堰也无法避免。

步道、花园、篮球场、小型集会广场和雅致的社区办公楼，即便配套完善，新村却显得特别冷清。为了拍一张有行人的照片，通常要在这里等上很长时间，只有在孩子们上下学的时候，路上才热闹起来。许多人家的大门紧锁，邻居说，打工去了，要到春节才回。

新村选址在山谷的开阔地带，雨水可以很快顺着河道排出，虽然解除了村民对山洪灾害的担心，但是每家每户的生计却成了问题。

"我们搬下去没得法子，娃子没有收入，我们要生活嘛。"60 岁的怀胜堂在老村子的家门前说。

他的土房子守在垭口，俯瞰半个山沟。灾害发生的时候，随着泥石流倾泻下来的泥沙填满了低洼处，巨大的石块横亘在沟底的石桥旁，但现在杂草丛生，早就没了当时的模样。

怀胜堂有三个儿子，他们长期在南方城市打工。他和老伴带着大儿子的一对子女住在山里。儿子们有时候从外面汇些钱给夫妻俩用，但更多的时候他们还是要靠自己。

在老家养羊、种菜、采茶，过着传统的生活，并没有多少开销。新村地少人多，没有土地可耕种，吃喝都得花钱。

怀胜堂的忧虑是那里的人普遍存在的烦恼。在新村，推开他们的门，许多家庭都没有几件像样的家具，有的只是空空的房间。为了减少开销，人们平时就尽量避免外出。只要天色还没黑尽，为了省下些电费，也很少开灯。

七堰社区新村

按照政策，政府给予迁往新村的家庭实行一次性住房补助，但于绝大多数村民来说，拿出剩余的购房款仍是捉襟见肘。七堰村主任黄锋就说，好几位村民问他借钱买房，过了好几年还是没还上。此外，他们还要担心没了耕地后的生计问题。只要身体好，外出打工是他们唯一的选择。

怀家领取的搬迁补贴是 4 万元，他的三个儿子又花了三年凑足 17 万，到 2014 年买下新村一套 106 平方米的公寓房，又到了来年才有钱装修。这套房子，怀胜堂舍不得住。他担心小偷光顾，每隔一两天就回到新家一趟，住一晚，第二天一早又走路回到山里。

七堰社区旧居

泥石流灾害发生后，七堰村的人都对大雨心有余悸。怀胜堂记得，那个夜里他坐在屋里，眼看着山谷的水一节节涨起来，已经到了房子跟前，他赶紧叫上家人，往山坡上跑，一宿都躲在一个塑料棚里。第二天他才知道出了事，山脚下半个山坡垮塌下去，盖住了好几幢房子。后来，村里的人在那儿立个碑，纪念遇难的人。

七堰社区自然景观

新的七堰社区

暴雨和山洪在夏季频发，财产损失也是常有的事，但在搬不搬迁这个问题上，年轻人和老年人产生了分歧。老年人不愿离开，大多数年轻人却不愿意守着这座山。他们不爱种地，他们的父母也从小不让他们再种地。

26岁的黄凯是七堰新社区为数不多的"返乡青年"。不过他说，回家是为了结婚，后来他在新村的建筑工地上找到了电工的工作，就没有再回到大城市。

新村现在距离高速公路只有几公里。走出去不远就有超市、餐厅、卡拉OK。黄凯也说，有了新房子就觉得在家待着比外面好。等到建筑工地上的工作结束也不打算出远门，"有足够的钱就在附近开个饭馆"，他说。

更多的公寓楼正在新社区扩建。按照规划，今后将有超过4000人入住，除了来自山区不同村落的移民外，政府还计划售卖商品房，聚集更多的人气。

这种计划能否实现有待时间考验。西安建筑科技大学副教授吴锋在陕南移民区调研，他发现在山里，旅游是个支撑产业。靠近旅游点的村子家家开农家乐，年轻人都能安顿下来，离开旅游区就萧条很多。

但秦岭的旅游在吴锋看来还欠发展。"秦岭是中国南北的分界，也是文化的交融之地，可以与欧洲的阿尔卑斯和北美落基山脉相比，但不论知名度还是旅游产业都比不上后者。"

有学者多年前就提出建立秦岭国家公园的想法。那里是中国珍稀动物大熊猫、金丝猴的栖息地，是中国生物多样性热点地区。但提到这些野生动物，大部分人都只想到四川、云南。

陕西省移民脱贫搬迁工作办公室综合处副处长李夏胤在接受采访时也承认，"配套不完善就会导致乡村的人气低"。他口中的配套，指的就是经济发展和社会保障体系。

但"这是（城镇化）势必要发生的事，我们只是加快了这个进程。陕南移民现在已经不是搬不搬的问题，而是后续的发展问题"，他补充说。

七堰村主任黄锋也头疼如何吸引年轻人回乡和解决村里劳动年龄人口的就业。

陕西省的生态移民计划提出，要将新村尽可能建在靠近工业园区和旅游区的地方。对于政府来说，新的集中型乡镇似乎也是以劳动力密集为特点来吸引企业入驻的优势。但更多时候，效果并不能立即显现。

黄锋说，七堰大约从上世纪 80 年代就有外出务工的传统，绝大多数人都倾向于到更发达的南方城市寻找就业机会。

在国家打造新一轮特色乡村建设的过程中，这位村干部看到了希望。他参观了汶川地震遗址后，有了在七堰建立泥石流灾害遗址纪念馆的想法。"都说这里是陕南避灾移民的发源地，我们还在原来那地方搞了纪念碑，原来的好山好地给冲毁了，应该利用起来"，他说。

黄锋还想到发展茶园。"记事的时候就听老人家在说我们这块儿好多茶叶，（他们）走上个十天的路

程到西安去换点盐回来。"他联合着几个人,承包了一片茶场。在村里开村民大会的时候,他鼓励那些留守的中老年人到茶园去工作。但会后有人抱怨说,茶园大规模用工的时间只有短短数周,大家还是感到没有着落。

转眼间又临近雨季,村干部时不时地跑回山里,

七堰社区自然景观

叮嘱留守的人撤退。怀胜堂的儿子们给他打电话，也常问有没有下雨。他心想着只要没有大暴雨，就还可以住在山里。新家对他来说，还显得陌生，他甚至不知道煤气灶如何使用，儿子们给他添了个小电磁炉，他也舍不得在那里折腾，总觉得这房子是要留给儿子们的。

松潘：二十一个民族共处

澎湃新闻记者 吴海云

中国地形上的"第一阶梯"

经过幅员辽阔的内蒙古自治区，沿着胡焕庸线一路向西南，地势走高，渐渐逼近中国地形上的"第一阶梯"。

四川省阿坝藏族羌族自治州的东北部，有松潘一县，是著名的多民族聚居地。截至2016年11月，全县不足8万的人口有21个民族，其中，又以藏（43.70%）、汉（30.5%）、羌（10.50%）、回（15.20%）四大民族为主。

2017年1月17日，松潘县松州古城，出城公路

一

松潘古城的主干道上，有一家"安多房子"，是古城内人气最旺的咖啡馆。一走进去，就能感受到多民族特色——

天花板上是藏族的吉祥八宝灯，墙上是羌族盛行的羊头，天井里挂着"喜上眉梢"的手绘布灯笼，还有阿拉伯风格的吊灯和伊斯兰风格的摆件。

"原先设计的时候，朋友们认为我应该选择比较纯的风格，最好是纯藏式的，因为'安多'是藏族的一个区域。无论如何，风格上不应该太杂。但我坚持要'混搭'，结果最后的效果非常好。""安多房子"的主人罗海斌告诉记者，"本来嘛，松潘的最大特色，就是各民族文化的交流融合。"

2017年1月17日，四川省阿坝藏族羌族自治州，羌族年轻女子在跳"锅庄"舞蹈

罗海斌的家庭就是一个多民族的组合。他的父亲是藏族，母亲是回族，弟媳是羌族。全家人还有一位非常尊敬的长辈是汉族：他是参加过长征的老红军，

当年负伤留在松潘，过继了罗海斌的母亲，将她养大成人。

"像我这样的家庭在中国其他地方也许不多见，但在松潘很普遍。"罗海斌说。

罗海斌此言不虚。在松潘采访的日子里，记者接触到了许多"民族混血"：汉藏人、藏羌人、藏回人，甚至一人身上有着汉藏羌回四种血统。

这种多民族的混居从遥远的上古时代就开始了。传说中黄帝与蜀山氏部落的联姻，也许就是岷江上游的第一次民族融合。而在有据可查的历史中，从秦灭蜀后建置湔氐县，到汉武帝将西山八部纳入中央政权管理，背后无不是"中原"与"夷地"不同族群之间的相逢与交际。

2017 年 1 月 21 日，松潘县松州古城，闹市

二

要感受今天的松潘各民族之间的和谐共融，可以从回族入手。

与汉、羌、藏等民族相比，回族来到松潘的时间最晚。自唐代始，伴随着军队调动、移民屯垦，尤其是蓬勃兴起的茶马互市，大批中亚、西域、波斯、大食人进入松州、益州等地；13世纪，忽必烈征伐云南大理，其精锐探马赤军和大批色目人进入松潘，并于1273年"随处入社，与编民等"；及至明清两代，修筑城墙，派驻军队，移马经商，让大量陕西渭南、江南金陵、凤阳、江北徐州的回回人迁居于此。

2017年1月17日，松潘一家回族清真餐厅楼顶，经营者牛耀明夫妇

今天在松潘的回族，在人数上只占总人口的15%，但松潘古城内外的餐厅，至少有七成都写着"清真"二字。

牛耀明餐厅里的牦牛汤锅

当地一家有名的饭店"牛哥茶园"的经营主牛耀明告诉记者，清真餐厅在当地餐饮业独领风骚的原因主要有两个。首先，是回族人本来就善于做美食，什么土火锅、牦牛汤锅、手抓牛羊肉、油香、牛肉灌饺、水角角等，应有尽有。像牛耀明的太太就是个中高手，一个人会做一百多种面食。

而更为重要的原因是，当地人非常尊重回族的宗教信仰和饮食习惯。"比方说，这里十个人一起吃饭，当中只要有一个人是回民，大家就会选择去清真餐厅。"牛耀明说，"这样，清真餐厅当然更容易开。"

2017 年 1 月 20 日清晨，松潘县清真屠宰场，肉贩们在戴着白帽的阿訇主持下，屠宰牦牛、黄牛。从早上六点左右开始，这里每天都会屠宰几十至上百头牦牛

当大家对于回族人报以尊重与善意，回族人也自然投桃报李。

今天的松潘已成为川西地区最大的牦牛肉交易地，位于古城内的屠宰场最多一天能宰 200 多头牦牛，而它们都是被阿訇以清真的方式宰的。

记者在一个清晨来到屠宰场，希望能拍到阿訇宰牛的场景。原以为对方会因为"宗教敏感"而有所避讳，没想到两位当日轮值的阿訇都很热情。

不仅如此，工作完毕，一位阿訇还主动对记者说："昨天晚上我们这里一位回族老人去世了。今天中午要举行葬礼。你要不要来看一下？"

当记者如约走进古城内的清真寺的穆斯林葬礼现场，犹豫要不要借条头巾包下头发以示尊重，几位阿訇齐齐地跟我讲："不用不用，你又不是穆斯林。"

三

当不同民族混居时间久了，彼此的渗透与影响便水到渠成。这当中，羌族的故事也许最为典型。

羌族可以说是松潘一带的原住民。太白名句"蚕丛及鱼凫，开国何茫然"，其中"蚕丛"便是古羌人称王之地。羌族也是中华民族最古老的成员之一：三千多年前殷商的甲骨文中便有关于"羌"的记载；秦的族属中有天水羌种；汉代的四川羌族建有牦牛、青衣羌国。

学界在研究羌族时，喜欢用"汉藏之间"这个词；数千年生活在"之间"，让羌族人有了汉藏两个民族的风俗与习惯。

比如，供奉家神是羌族一种传统的祭祀体系。"家神"的牌位，往往上书"天地国亲师"（以前是"天地君亲师"）——明显地揭示出羌族与汉族之间的深厚渊源。羌寨也和许多汉族村落一样，有在腊月里杀猪并制作各式各样"杀猪菜"的习俗。

另一方面，羌人也和藏人在许多方面非常相似。羌人好饮，而且爱喝藏族的咂酒（由青稞、小麦等各种粮食煮熟晾温后发酵而成）；逢年过节，爱跳"锅庄"，只是舞蹈动作比藏族的锅庄和缓一些；羌族的传统服饰和藏族服饰也很像，尤其是男装，都是大领长袖斜襟，以黑或白色为主。

2017 年 1 月 20 日，松潘县，人们将一位回民的遗体，送到位于城郊的山上土葬

2017 年 1 月 17 日，松潘县羌族定居点，一个羌族家庭的合影

2017 年 1 月 17 日，松潘县羌族定居点，几个在县城读导游专业的年轻羌族女孩

风俗与文化的改变，大部分情况下是潜移默化，但有时也会疾如旋踵。2008 年，四川省发生汶川大地震，那场惨烈的自然灾害，让主要生活在四川省阿坝藏族羌族自治州境内的羌族人，总人口减少了将近 10%，而余下的人，大多从高山上的古羌寨搬迁到了山下的救援村，不再秉持"云朵中的民族"的生活习惯。

当然话说回来，羌族依然有着它特殊的文化习俗。只是那些特质，在老一代人身上才较为明显。比如，今年已经 78 岁的尤桂姐，天生一副好嗓子，会唱许多羌族的传统歌谣，曾以"非遗"传承人的身份参加过 2010 年的中国上海世博会。当这位 78 岁的老太太坐定后，一口咂酒润了嗓，吟唱出的歌谣，瞬间就能让人感受到一个民族的精魂。

只是这些歌谣，羌族的年轻人几乎已无人会唱；许多年轻的羌族人，甚至连羌语都不懂了。

尤桂姐和她的老伴依然住在高山上的老寨，她的解释是："还是山上舒服，可以种地，可以晒太阳。"而她的儿子、孙子、重孙，都已定居在通水通电、出入方便的山下新村。

四

在"民族问题"日益成为整个国家，乃至整个世界难题的背景下，松潘各民族之间的和睦亲密，为人们提供了一个令人欣慰的佳例。然而感佩之余，一个问题也会自然冒上来：为什么？

许多人将原因归于"历史"或"传统"。确实，松潘的历史就是一部多民族混居史；更不用说，历史上还有松赞干布在此迎娶文成公主这样的千古佳话。

但问题在于，松潘的历史有和风细雨，更有血雨腥风。

"扼岷岭，控江源，左邻河陇，右达康藏"，这样的地理位置，让松潘成为历代兵家必争之地。自汉唐以来，此处均设关尉，重兵屯收。万古之硝烟，及至近代仍未散尽：1935年，长征路上的红军与胡宗南的部队在此激战；1941年，日本军机在松潘古城投弹百余枚。

因此，我们只能说，是"历史"——但只是"部分的历史"——塑造了今天的松潘。那是此地作为商业重镇的历史。

始于唐朝、兴于明代的"茶马互市"，让松潘一度成为川、甘、青三省最大的贸易集散地。也正是那些商贾云集、交能易作的岁月，让不同民族的百姓发现了互惠互利的好处，也明白了和谐共处的可贵。

五

今天松潘的年轻人，很多人都在做生意，尤其是藏人。

经营"安多房子"的罗海斌就是一个典型的例子。他大学毕业后曾经考过公务员，不幸落选；在成都的咖啡馆打过几年工，但终究觉得不是长久之计。2014

年，他决定回家乡创业，用自己在成都打工习得的手艺——做牛排，调鸡尾酒，咖啡烘焙，如愿打拼出了一片天地。

"越来越多的松潘年轻人都像我这样，先出去历练几年，再回来做生意。"罗海斌说，"像我这样的人，在成都，大概只能找个四五千块钱的工作吧。但是在这里，即使做个销售员，一个月的收入也能过万。"

松潘的销售业近些年来如此兴旺，和药材的走俏大有干系——松潘县城附近的藏牧区，生长着虫草、贝母、野生天麻等珍贵的药材。这也解释了为什么当地经商大潮中，藏族人的表现尤为显眼。

而这两年"互联网+"电子商务的兴起，更是为松潘当地的销售业推波助澜。罗海斌的堂兄西绕王登，就打造了一个"互联网+农牧业"的电子商务平台，把藏区的食材与药材销往沿海地区。

面对越来越多的藏人从商，有人存在一定的误解，觉得是近年来的商业大潮改变了这个原本只会游牧、一心向佛的淳朴民族。但事实上，藏族经商有着深厚的传统。在解放前，松潘当地就有很多藏族大家族，与西藏、印度、尼泊尔等地做着佛像、铜器、地毯、香料、布匹等物品的大生意。换句话说，这些年在松潘兴起的经商潮，对于藏人，与其说是经济生产方式的改变，毋宁说是一种传统的接续。

当然，这一传统在接续的过程中，还是发生了一定的变化。藏族人有着严密的家庭管理：一般家里有几个兄弟的，父母会安排一两个在外面做生意，一两个放牧管牛羊马匹，一个留在家里照看，还有一个去寺庙当喇嘛，可谓分工明确。而今的变化是，放牧的兄弟越来越少，做生意的比例越来越高。

比如卓藏家。这一家族是整个松潘地区最古老的藏族家族之一，曾历代为土司，始建于 1428 年的川主寺最早就是他们的家庙。解放后，他们家不再是土司，有几十年时间践行的都是半耕半农的经济生产方式，但 1999 年在当地开展的"退耕还林"让他们告别了"农"；近年来松潘当地的旅游业开发，又让他们自觉放弃了"牧"。今天卓藏家的五个兄弟，除了四儿子看庆出家做喇嘛，其余的都在做生意。

六

投入商业大潮的当然不仅仅是藏人。在今天的松潘，经商致富是一种共同的心愿，而在年轻人身上体现得尤为明显。

比如藏族小伙儿郎介足。郎介足经营药材已经多年，在他家乡——松潘县燕云乡——开辟了一大片药田。最近，他又在筹划一些不需要太大投资的"增值项目"，比如"虫草采摘体验游"，又比如"写生旅游"——把全国有写生任务的艺术类专业师生吸引到他的家乡去。

比如羌族小伙儿何顺权。汶川大地震的时候，何顺权的腿不幸被砸中，由于无法及时就医，落下了残疾。他自嘲"不能干农活"，这些年积极学习电子商

2017 年 1 月 18 日，松潘县川主寺，藏民卓藏

务方面的知识，希望能借"互联网+"的东风，将老家羌寨的特产销往大城市。大概因为来自"云朵中的民族"，何顺权最看重的产品依然来自崇山峻岭——酝酿于高山的野百合蜂蜜。

还有汉族姑娘陈琛。陈琛原先是湖南人，嫁到了松潘一个藏羌通婚的人家。她的羌族婆婆多年前就经营着一个加工牦牛肉的家庭小作坊；陈琛嫁来之后，一方面改建厂房、升级设备，另一方面注册商标、打造品牌。自诩"吃货"的她还积极探索着牦牛肉的创

新研发，比如野生菌牦牛肉酱，由牦牛尾巴、肋骨和
牦牛鞭组成的"三巴汤"……

　　至于罗海斌，他的第二家"安多房子"即将开门
迎客，选址在松潘古城的城墙下。罗海斌要求，两家
店的员工都要会说英语，让国际游客们可以宾至如归。

　　他们都没有兴趣去想不同民族之间的"差异"，
而只是憧憬着松潘作为一个整体的未来。他们知道，
一个蕴含更多商业机会的未来正向他们劈面而来：途
经松潘的成兰高铁即将建成；岷江沿岸，高耸的桥墩
已在高山谷地间拔地而起。

2017 年 1 月 17 日，松潘县羌族定居点，后院悬挂着熏肉

北川到芦山：小事记

澎湃新闻记者 王昀

5.12 汶川地震旧址

血

5.12 汶川地震，我跟着他去家访。他立马跪在失屋的两个老人面前。老人的子女和孙辈全部遇难。他抱着两个老人，听他们心里哀伤的事情。那个时候，给到人们的那种温暖，是无可比拟的。亲人不一定能给你那种感觉。

——文太科／北川羌魂社会工作服务中心主任

血意味着从天而降的灾难。人类聚居之处，地动山摇，难免流血流泪。

血也是志愿行为的起点。5.12 汶川地震后，各大城市街上的采血车旁边，前来献血的人群排着长队，甚至一度堵塞交通。

那时，有很多人坐不住，前往灾区支援。绵阳人高思发与 QQ 上的网友们结伴，向北川灾区运送物资，在那儿帮着做点事。这支队伍当时叫做"中国心志愿者团队"。他打算暂时放下生意，做两个月志愿者。在任家坪，他给北川的孩子搭建了帐篷学校，免得他们到处跑不安全。

退役军医张小红也以志愿者身份，第一时间从成都进入灾区，进行医疗救助。

虽说在后来的日子里，这一年被称作"公益元年"，但高思发和张小红等人当时还想不到，自己会与伙伴一起，在公益道路上走到今天。

而绵阳师范学院社工专业大二学生文太科，也在

地震旧址

老北川附近的安置点做志愿者。他接触到来自香港的社工，被安慰人的力量深深震撼，真正认同了自己的这个专业。

大灾来临时，血将众人变成亲人。也有社会组织因血而生，希望延续这种人与人的连接。

成都市血液中心无偿献血志愿服务工作负责人刘飞，组织了公益剧社"爱有戏"，招募志愿者，用戏剧等方式讲述血与献血的故事。过了几年，爱有戏成为一家5A级社会组织，从事社区文化与社区互助的社会服务工作，比如开展让街坊讲故事的活动，以及社区安全教育。爱有戏还借鉴传承古代"义仓"的内涵，建立现代义仓——社区居民捐物互助，也增强了社区的力量。

如今刘飞的机构有许多工作。她不再像在汶川地震时，只是忙着组织市民献血。

巴拿恰

受"5.12"直接影响的，已经非常少。虽然有心理的震动隐藏在生活之中，但也要把标签撕掉。人会长大，会回归自己的生活。

——高思发／中国心志愿者团队领队、北川大鱼青少年公益发展中心理事长

巴拿恰是羌语中的"集市"。北川新县城的步行商业街以此命名，这里也是四川最大特色文化旅游商业步行街，仿古建筑颇为精美。到了周末，去巴拿恰

逛逛街，也是一家人很不错的消遣。在异地重建的成果之上，老北川人的生活得以重新开始。

巴拿恰商业街还是一种分界。从老北川搬来的人，住在巴拿恰北边的安置社区，而本地农民的社区在巴拿恰南边。北边的生活气息相对浓一些。本地上楼的农民大多得了三四套房。有人出外打工，也有人忽然无事可做，难免不适应，甚至空虚无聊。

巴拿恰是北川新县城的标志物，可以代表这里完善的硬件和美丽的景观。援建的效率非常之高，但相比几年后的雅安灾后重建，在北川灾后重建时，很多人还没意识到需要支持更多社会组织开展专业服务。

在2009年底，"中国心志愿者团队"队长高思发，注册了北川第一家民间公益组织，即如今的"北川羌魂社会工作服务中心"。而2011年底，他们在这里第一次拿到了中国扶贫基金会的项目，针对北川新县城的安置社区，做社区的文化服务和综合发展，让这里的人对社区认同高一些，生活丰富一些。

陪伴北川九年的高思发早已不再做商业。在北川的帐篷学校，他认识了那些来到帐篷玩耍的孩子和他们受灾的家庭，还有那些帮忙照料孩子并乐意伸出援手的志愿者。从此，志愿者成为资助人，而孩子成为受助对象，高思发则走上助学之路。

如今，他所发起的大鱼公益接受更多资助人的捐赠，其助学对象也扩展到家庭贫困的孩子，而不再是受到地震伤害的孩子。作为专业社会组织的负责人，高思发要为资助人把钱用好。这是最常态化的公益，也是应对下一次灾难的准备。

虽然从志愿者转变为专业公益人，但他仍然被称作"高队"，这或许是某种不忘初心的意思。

成都 4.20 联合救援行动

半夜两三点路上，讨论每个人的分工、每个机构的分工，谁负责交通运输，谁负责物资筹集，海哥负责什么，等等。这些信息发布出来。南都基金会开始资助了两万元钱，第二天看到我们有序救灾，便紧急开会，专门针对我们的救援行动，资助提升到 20 万。

——张小红／成都心家园社会工作服务中心主任

2013 年 4 月 20 日早上，四川雅安芦山县发生 7.0 级地震的消息传来。当天下午，成都"爱有戏"原定在成都肖家河办义集，临时把主题改成"我们和雅安人民在一起"，接着开始募集物资。肖家河成为这场联合救援行动的大本营。

联合是有序的。大量救援物资涌向肖家河，共有八家社会组织参与。刘飞和丈夫杨海平开始担当协调工作。那些年，人们更加相信民间机构，"爱有戏"要根据前线信息反馈，及时精准定点派发物资。

4 月 21 日凌晨，张小红、杨海平、高思发等六人押运物资赶赴芦山，路上遇到封路，因为需保证救援车辆通行。张小红与另一位公益人，租了老百姓的摩托车，带了一些物资向前走，并及时发回需求信息。

其他人分头去了其他受灾地点。

　　大家要在现场收集受灾信息及时反馈情况，并安抚村民情绪。有受灾村民在路边帐篷里，眼看一车车物资从眼前经过，情绪激动。张小红便赶快向后方反馈，用摩托车先送一点物资上来，平复灾民心情。而物资也不能乱发，必须统计人数和需要。张小红发现，现场的米和油不够，就统计前面一个组的老人，尽量把他们先照顾到。

　　另外，社会组织发放物资，好处还在于，因为是第三方献的爱心，灾民不会挑三拣四，不会埋怨政府照顾不周。

　　在这场救灾行动中，社会组织各自努力，又相互协作。虽然起初出现问题——大本营的人员押送物资到现场，又因灾区忙碌而无法返回，使得中心缺乏调度，但相关权责第二天就被明确下来。没有发生混乱，社会组织也有了抱团发展的意识。

　　之所以能做到有序，不仅是参与者这些年间在各种行动中增长了经验。比如张小红参与过玉树地震救援。他们的身份也已然不同，这些在 2008 年凭热情前往灾区的志愿者，此时已注册了社会组织。这个身份对应的是明确的责任和义务。

　　行动也成为一些社工扎根雅安的起点。因透明高效，行动得到了诸多基金会支持。比如，腾讯委托联合救援行动驻点，在村里建八个社工站。

　　实际上，安置工作对应的就是社区服务。比如帐篷里没有电，就要在安置点放电影；小孩没人管，就要有人手帮忙。救灾时，村民都是志愿者。因为这样的群众基础，自然而然地，各个机构分别选择在自己救灾的地方来建社工站——心家园在仁加村和大同村，而爱有戏在飞仙村。这两个社会组织的社工，至今仍以不同方式，陪伴着当地的村民。

雅安群团中心

雅安的本土社会组织是因 4.20 地震而产生。我跟他们开玩笑说，我们中心跟你们都是同时出生的，要互相支持，互相帮助。

——刘雪松／雅安市群团组织社会服务中心副主任

雅安群团中心，是雅安市群团组织社会服务中心的简称。早在雅安地震发生后一周，其前身"抗震救灾社会组织和志愿者服务中心"就已在灾区运转工作，协调志愿者与社会组织的力量。

此事是干部和群众良性互动的绝好范例。当时，雅安灾区还有大量外来社会组织和志愿者，缺乏信息沟通，也一度产生混乱。有学者看到"成都 4.20 救援行动"的有序，结合当时情况撰写了报告。而报告得到正在灾区视察的副总理汪洋的批示。4 月 25 日，四川省委救灾指挥部成立了社会管理组。4 月 28 日，由团省委牵头，芦山成立了首个"抗震救灾社会组织和志愿者服务中心"。5 月 12 日，省市共建的"雅安市抗震救灾社会组织和志愿者服务中心"成立。对政府的救灾服务，与社会参与救援者的救灾行动，进行同步调控安排。2014 年 3 月，随着四川省群团组织社会服务中心成立，其更名为雅安市群团组织社会服务中心。

灾后的社会服务工作

大家看到了社会组织的力量。在雅安的灾后重建规划中，社会管理服务成为一个专门的部分。而雅安群团中心的任务，是继续协调社会组织参与灾后重建，让政府的相关规划与社会组织的项目能够对接。

实际上在接纳外来社会组织的同时，人们也希望雅安本地能有自我服务的能力。孵化和培育本地社会组织参与灾后恢复重建，以及更长远的社会治理工作，成为雅安群团中心的重要使命。

从 2015 年开始、为期三年的灾后重建规划中，雅安群团中心共有 9042 万资金可用。这笔钱除了用于市县乡各级群团中心的体系建设，以及较为常规的关爱项目，就是进行本土社会组织的培育。

祭拜

第一年，雅安群团中心已完成培养 100 家社会组织和 1000 名社工人才的任务，但其成长发育还需要时间。最重要的是，得让本土的社会组织有项目做，能够真正按照公益的方式去实践。这两年，雅安群团中心设计了"我爱我家"项目。工作人员在全市找到 100 个项目，由 49 家本土社会组织承接，还引入南都基金会和壹基金的资金支持，而成都的爱有戏全程承担培训和项目督导的工作。

这只是雅安群团中心诸多具体工作之一。

雅安孵化本土组织着实不易。本土组织对撰写标书等程序大多陌生，财务方面也不够细致，就连申请项目的过程也是锻炼。因此，需要不断面对面地教。其中还得去粗取精，今年要选择扎根社区的十余家社会组织，进行重点培育。

雅安群团中心的创新意味是明确的。2016 年 7 月，雅安市委市政府对灾后重建工作中有功单位和人员记功，雅安群团中心得到了二等功嘉奖。这无疑也是对灾后重建中社会组织工作的认可。

群团中心搭建平台，让社会组织参与灾后重建，并孵化本地社会组织。"雅安模式"大概可以这样概括，但雅安群团中心的身份终究有些尴尬。它是不登记的群团组织，不是一个法人单位。另外，灾后重建规划是三年，三年后该怎么办，也是需要考虑的问题。

这是胡焕庸线上的机制创新，又与民间社会的发育紧密相连。

上课

2011 年，我们第一次拿到基金会的项目。我折腾了三个月，才把中国扶贫基金会的那套项目财务体系搞清楚。现在我用那套东西，加一些小小的改良，已经给上百家的公益组织做过培训了。

——刘剑峰／中国心志愿者团队副领队、原点公益慈善中心主任

上课首先可以视为公益的入口。5.12 地震救灾时，刘剑峰起初是以志愿者身份前去帐篷学校帮忙。而这一帮就是九年，并与高思发成了搭档。

高思发还把当年的帐篷学校，延伸为每个暑假的营会。每年有全国各地的中学生来到北川，在十天左右的时间里学习与同龄人相处，过集体生活。这是心灵助学的一部分，高思发觉得，物质上的关心还不够。

上课也是社会组织交流和连接的重要契机。心家园的社工吕小英自雅安地震之后，就在大同村和仁加村驻点工作。他通过一次培训，结识了高思发。后来，吕小英学习了高思发的营会组织经验，也在雅安组织了一次中学生夏令营。

给村民上课，也是社会工作的一部分。吕小英在大同村和仁加村所做的，是中国扶贫基金会的本土人才培育项目，即培育本地村民成为社会工作者。也就是说，把方法教给村民，让村民自己来给自己做服务，最终发生改变。这些村民区别于专业社工，故称之为乡工。

上课也是"零八帮"发展壮大的证明。财务管理问题最让一般的公益组织头疼。刘剑峰自己是财务出身，也是研究许久才弄清楚。针对基金会的财务体系，他已经培训了上百家公益组织。这些已经成长起来的公益人，都在传递各自的经验。

上课最终关乎个人成长。史加利曾跟着中科院心理所的老师，在雅安进行灾后重建的心理援助，如今也转为常态化的社区工作。作为雅安本地社工，这个生于1994年的姑娘去过鲁甸支援，也去过缅甸的受灾地给当地教师做培训。她发现，这些受灾的地方真

吕小英在项目点，这里既是心家园的办公室，也是家里的客厅

的需要专业心理辅导，自己原来一直在成长。

扎根

　　我们就想尽量把它落在实处。能有尽量多的人留在这个社区里面，从事社区服务，建设自己的社区。而不是拿到项目，就机械地按照项目来做。

　　——吕小英／成都心家园社会工作服务中心社工

　　扎根就是与当地紧密连接。吕小英三年来很少离开大同村和仁加村，顶多去芦山县城办事。他们一家三口都住在项目点。那儿既是办公室也是住家，空气里混合着孩子的尿味与饭菜的味道、噼噼啪啪的键盘声与来访乡工的谈笑声。

　　墙上贴着感谢信和锦旗，是心家园"4.20"在这里救灾的证明。张小红当时来的就是这个地方。

　　救灾是社会组织与村子的连结契机，但这也形成了认知惯性。村民对物资发放印象深刻，把社会组织当作"发东西的"。假若不发东西，村民就不来参加活动。于是，吕小英便设计出一些规则，通过发礼品来增加村民之间的互动——总比去其他地方听讲被骗钱好。

　　扎根意味着因地制宜。原本中国扶贫基金会的项目，针对的是返乡青年和妇女，希望当地有人带动整个村子。但在仁加村和大同村，正值灾后重建，青壮劳力都在修自家房子或维持生计，余事无暇顾及。于是，吕小英与扶贫基金会沟通，重新定位了项目，以老人为主来培育本土社工人才，即乡工。

　　乡工中也有两位年轻妇女。如今，她们已在各自村里成立了机构，自己成了法人。李传俊在仁加村主要做生计项目，罗静在大同村主要做社区服务，吕小英手把手地教她们写报告，申请项目，组织活动，为村民服务。

　　扎根是希望能够传递影响。要让本地人为自己服务，本地人受益以后，哪怕社会组织走了，精神还在。而心家园的这个项目明年就结束了。可能要在更远的未来，才能看出这个项目到底给这里带来了什么。

　　文太科也喜欢待在山上的项目点，虽然他在新北川县城买了新房，并把松潘的家人接来，却并不时常回去。他更喜欢在山里接触土地，在村里接触牲口，在办公室坐久了，感觉全身都不好。

　　文太科认为，要注重与政府的关系。他有时发现，站在对方的职务上去考虑全局，就可以防止自己犯方向性的错误。他随时会与政府部门沟通，说自己需要怎样的协助，以及对方可能需要自己做什么样的工作。

　　扎根也可理解为长期陪伴。在高思发看来，助学的孩子在长大，在发生变化，而家长和孩子与自己的情感也在产生。高思发发现，家长生命里的事情，可能不讲给亲人听，却讲给自己听。而他的目标是要和孩子产生关系，培育孩子承担家庭的能力，进而影响社会。他希望资助的两个孩子未来有机会进入中国心，成为自己的同事。

高思发正在试点家长义工，希望能把资助人、家长和孩子以恰当的方式进行连接，把助学的大家庭建立起来。

因为陪伴，"中国心"也有所延伸。最初，是从救灾开始做的助学，但发现单方面经济资助无法改变现状，就从助学延伸出社区发展。高思发和刘剑峰曾想过是否要集中一些，但哪一部分都无法割舍。于是，大鱼做助学，羌魂做社区发展，原点做灾害应对。正因逻辑上有需求，大家才做了这些事。

扎根是主动行为。社工专业科班出身的吕小英，不喜欢那些"有救世主情结""讲大话"的社会组织老大，对来自江湖的高思发却是激赏有加。敏感的人总能体会到那种道德绑架与脚踏实地的差别。自我满足与渲染悲情，往往意味着并没有真正地扎根下来。

项　目

我老公都支持我的，随时都安慰我：你不要着急，接得到项目就做，尽量去争取，没接到就算了，休息一下，不要灰心。

——廖国香／雅安芦山县飞仙关镇飞仙村村民、爱有戏之家负责人

仁加村和大同村的乡工们，在活动室里准备开会

"项目"可能是个令公益人士又爱又恨的词。吕小英一家之所以能团聚，是因为2016年这里的某个项目，需要一位有儿童项目经验的社工专业人才，而人员配套经费每月只有1800元。吕小英意识到，这

点薪酬难以吸引到合适的人，而妻子刚好符合条件。虽然钱不多，一家三口能在一起也很好。

但做项目时常身不由己。为使本土社工人才成长，吕小英给附近的五个村子申请到以舞蹈队、民乐团等为载体的妇女互助项目，让村民自己去操办广场舞大赛等。为了跳舞的场地，一些村民还组织起来休整了坝子；有的村民趁着练舞休息一起做饭，其乐融融。项目只有半年，而村民至今对这段快乐时光念念不忘。

社会组织当然希望有项目做，否则无法生存——管理费通常比较微薄，往往需要联络其他资助。但在高思发看来，项目持续时间更重要。社会组织解决社会问题，是要对社会负责任。如果今天购买服务，明天不买了，社会组织本身就无法对社工负责，不仅没尽到责任，还把社会秩序搞乱了。这也不利于自身机构的人员稳定，因此，时间少于三年的不做。

正在实施中的项目，忽然失去了资金支持。这种情况有时会发生在社会组织与政府部门的合作中，通常是管理者忽然更迭，政策方向变动，一切得重新开始。另外，政府部门需要考虑更多面上的事，需要让事情看得见，更容易评估。比如，需要频繁举办活动，对应大量人力成本投入，但未必看得见被服务对象的改变。

相对而言，基金会比较倾向于小而美的工作，会与成熟的社会组织结成长期战略伙伴，但其要求也更加精细。初创的小型公益组织——如雅安本土的社会组织，往往达不到要求，申请不到基金会的项目。这样看，雅安群团中心的"我爱我家"项目，更大的意义是提供锻炼机会。

项目是向本地社会组织传导经验的载体，执行项目是成长过程。在雅安，外来的社会组织多半会把本地的项目——多数是来自群团中心的项目，转包给自己孵化的本土社会组织去做。但后者也面临难以独立申请到项目的问题。

比如，在爱有戏的帮助下，飞仙村的廖国香等人成为社会工作者，成立了"爱有戏之家"，并执行了爱有戏转包的乡村摄影项目。她在村子里开展许多工作，比如上门帮助不便行动的老人，或组织歌舞表演。不过，虽然廖阿姨等人做过几个"我爱我家"的项目，还把机构的管理费——即自己的人力成本，也用在了活动里，相当于不计成本地工作，但她们不擅长写和说，要学习申请项目，与年轻的大学生竞争，并非易事。

即使是返乡的年轻人，学着写申请项目的标书也不容易。在大同村，罗静开始独立申请公共空间的项目，吕小英在旁边反复指导，一个文档写了好几次。

乡工

七八十岁的老人，儿童时代的玩具弄出来，她老公说她是乖乖，逗得别人看着笑得不行。给她一种平台，大家欢乐自己，是不容易的。

——石传敏／雅安市芦山县仁加村乡工

乡工的主体是老人。在仁加村和大同村，许多乡

乡工们的排班表贴在活动室的门上

工是当地的老年协会成员。

他们平日负责管理村里的活动室。值班有补贴，但更重要的是服务社区，比如陪伴来玩、来借书的留守儿童。

大家在一起众筹了重阳节的大型活动。有人买菜弄饭，有人照顾老人，坐了六百多人，共有八十桌，全村人都参加了这场活动。大家还组织茶会，有人分享受骗的经历，有人唱山歌，说起了夫妻的故事。这其中包含着人的改变。要深耕细作为社区做事，有为社区服务的美好的心。

乡工石传敏提到，谁会发月饼给他们吃，这就是无私地对他们好。她比较乐观，认为心家园把这个地方提升起来，未来也可以放心离开。

乡工年纪比较大，固然是个问题，但吕小英认为，老年乡工在这个地方，即便不做社工，也还是这个地方的人；大学生就不一样，更容易离开，留不下来。

乡工们也得到一些出外访问的机会，这无疑开阔了视野，也增强信心与认同感。

李传俊去过一次深圳慈展会，留下深刻印象。她觉得这的确可以帮助大家变得更好，也想在公益方面发展。

李传俊想到，地震过后，家家户户出去打工，许多老人需要照顾。但家庭中往往是小孩是宝，老人是草，大家并不重视老人。"想为孤寡空巢老人要一个长期固定的场地，中午有一顿餐，有一个老人兴趣班，长期感受到温暖。"但她觉得，目前似乎还没有能力做这件事，与已有项目的方向差别太大。

吕小英强调痕迹管理，需要随时写下来。但李传俊感觉文字工作太累，时间大部分耗在了写东西上，宁愿多做点事情。毕竟，她当年高中没有毕业就出去打工了。

李传俊感觉做公益好难，与村民相处，虽然有改变，但并不大。

吕小英在村子里兢兢业业地工作，但他认为，在这儿不一定要追求改变什么，只是做一些事情。因为，社会组织在一个人生命成长的过程中，有过促进或陪伴就可以了，至于能否改变，那是自己的事情。

路

从雅安地震，我就发现一个新的模式。和修房子一样，最基础的那一层永远最重要。先谈基建，我们把老百姓最关心的、生活最着急的事情解决掉，然后再跟他们谈文化，大家就相互认识，相互理解。到了一定程度，然后开始谈发展。

——文太科／北川羌魂社会工作服务中心主任

路是救援的通路。这里地震泥石流多发，路上常有大块碎石。由于气候与地质条件，村里的路极易被损毁。

但修路也是参与的契机。在雅安地震灾后重建中，文太科做过一个修复村路的项目。针对一条老大难的路，村民反复协商，自己组成管理小组，共同捞石头

远眺北川地震遗址。在四川的大山里，泥石流、滑坡等自然灾害，常将村道损毁

填路基。虽然花了很长时间反复做工作，但最终结果是以最节省的办法做了最多的事。既解决了实际问题，村民也凝聚为共同体。人的改变就此发生。

文太科感觉，这样的模式真正切合社工里讲的自愿原则。与路相似的，还有用来办公共活动的房子，以及消防池等减防灾设施。

仁加村乡工李传俊申请中国扶贫基
金会的项目，在家里养羊

羊

　　我申请项目时，有一项是可持续发展的，想等我
们这个羊生了小羊，一户带动一户。结果看着去年价
格降了，很多老百姓就说不愿意养了，就连把羊送给
他们，都不愿意养。

　　——李传俊／雅安市芦山县仁加村乡工、爱心家
园负责人

　　羊不仅是羌族图腾，还是常见的扶贫生计项目。
而在雅安灾后重建的地方，那些还有老房子的人才有
条件养羊。并且养羊的收益还受到市场波动影响，要

看天吃饭。

李传俊申请了扶贫基金会的养羊项目。今年5月就满两年。她一共养了三十只羊，本来希望靠养羊来补贴其他项目的人员经费，但市场行情不好，收益无从指望。

好在养羊的成本全由扶贫基金会负担，每户三万元。李传俊也没有额外的损失。

而吕小英认为，还是得让申请这类生计项目的人出一些钱，否则很难保证积极性。

鸡也是常见的扶贫生计项目，看似成本低，但也十分麻烦。2011年，文太科曾在映秀的村子做灾后项目，养了两年鸡。他不光募集贫困户，自己也学习养殖技术，还请了专家帮忙。每天早上五点起来做饲料，鸡感冒了还要给打针、喂感冒药，还去学了鸡的宰杀和包装。

他总忘不了那个拼命拔毛和满地抓鸡的场面。有一次，文太科接到来自成都的订单，要一千只鸡，包括活的和杀好的。

杀好的要去毛去内脏，包装起来。村民人手不够，文太科带着实习生，一起杀了两天鸡，天气开始热起来，得在下午集中杀，拔毛拔到手软。随后，拔完毛的鸡与活鸡一起，装车运往成都。当时不知活的家禽晚上八点前不能进三环，车子被交警堵下来。但鸡关久会死，文太科和村民把活鸡放到郊区树林里圈着，八点后再捉起来，关进笼子，送进城去。

虽然文太科尽心尽力，抛开鸡苗和运输的补贴，

心家园在村里培育的社会工作骨干
是两位年轻女性。李传俊的照片贴
在仁加村的活动室里

这个养鸡项目还是没有赚钱。

生计的确很重要。高思发正在尝试进行生计助学，用养猪或种豆子的项目，帮助贫困孩子的家庭。

小微生计项目实在复杂。吕小英打算，这类项目只投四位数的。因为对社会组织来说，几万元简直就是大钱，别人给你捐了钱，就要把这个钱用好。

女人

能照顾孩子，照顾老人，又找到钱的话，比如搞编织等，是最好的。这种生活，她们最向往，还是勤劳朴实。

——石传敏／雅安市芦山县仁加村乡工

女人无疑是社区中的骨干力量。回到村里并能为当地社区出力的，绝大多数都是女人。因为顾家，她们也很可能继续留在村里。在雅安，外来社会组织所培育的本土社区工作骨干，也大多是女性。她们天然具有黏合社会的性质，比如能歌善舞。

而这些女性骨干总是强调，丈夫支持自己。也就是说，要不然，她们就很难开展这项社会服务的工作。

而在大同村和仁加村的乡工中，男人大多是之前老年协会的成员，女人则多是救灾时帮忙的志愿者。后者服务社区的动机似乎更为纯粹，对未来也更为乐观和积极。

高思发的生计助学所帮助的对象，大多是家庭不幸的妈妈。高思发请她们坐在一起，分享自己的故事。

虽然家庭有种种变故，但她们富于韧性。高思发认为，她们是足以让孩子骄傲的母亲。

"人道主义"

（　）是社会工作价值观的理论基础。A. 人道主义　B. 科学发展观　C.共产主义 D 宗教思想
——乡工小组社会工作理论知识试题

"人道主义"是社会工作价值观的理论基础。这是吕小英给乡工们出的试卷上的题目，上面全是选择题。之前培训了四次，这算是一次总结。但老人们看不清字，读题比较慢，再说本来也不太记得住。大部分人分数都不高，甚至有没答完的。

石传敏得了八十多分，已是高分。但她把这道题答错了，选成了"科学发展观"。她回顾这道题，反思道："科学发展观是在人的基础上不断进步开发。首先要做人道主义，要有人，人才能规划一切。"

还有一道题，是关于马斯洛需求理论的。石传敏也答错了。她说："我想到先有爱，然后才有尊重。你爱都没有付出，谁尊重你呢？对不对，等于有种升华。也不是那么绝对的，但一个前一个后，就是这两个之间徘徊。道理转过来，也是想得通的。我受人尊重了，也付出爱。看你从哪个角度进入，需要什么目标。"

她觉得，答这些题对自己的工作有帮助。她想起高中的毕业歌，唱完这首歌，她就去下乡劳动了，

再后来去打工。而这些选择题，这些排除错误答案的过程，似乎把人拉回少女时期。也许，她不必知道人道主义的完整定义，因为她说："争来争去有什么用，让一下多好。有能力的过得好点，能力不强的又瞧不起人家，这不行。你不一定是全的。大家要和平相处。"

而在救灾的实践中，人道主义又化为具体可执行的标准。

中国慈善联合会救灾委员会副总干事老鬼，这位退伍军人从 2008 年汶川大地震起，以志愿者身份参与了多次抗震救灾，也成立了自己的机构。如今，他能把全球一百家机构根据以往经验汇编成的"人道主义核心标准"，说得头头是道。一人一天要喝多少水，吃多少食物，都是救灾需要掌握的信息。还有性别视角，女性应该得到怎样的救助。

尊重恰好是人道主义的一项原则。比如，救灾要尊重所有人的生活习俗和习惯。"如果有人遇难，不可能扔在那里。每个民族都有它的丧葬仪式，要尊重人家，但又不能让他在自己住的帐篷里做丧葬仪式，所以要专门选一个地方作为殡仪馆，也是为了安全。另外，还要了解当地灾民的饮食清单。"

老鬼认为，不是谁扛着旗子、穿着迷彩服就能进入灾区救灾的。相关领域的社会组织，一定要标准化。

北川地震遗址

减防灾

应该让更多人来参与，但这个圈子里，能带动社会组织的人不多。社会组织的人个性很强，救灾指挥你说话人家得听，这些人是武夫的脾气。

——老鬼／中国慈善联合会救灾委员会副总干事

减防灾在四川是个重要课题。这里灾害频发，但中小型灾害乏人关注。雅安地震后，壹基金找到中国心的原点公益，希望联合本地组织，发起应对中小型灾害的救灾网络。实际上，在救灾方面，本地组织能应对中小型灾害，才能在应对大灾害上起到作用。

这个覆盖四川 19 个市州的救灾网络，随时可以响应灾情。有意愿的救灾组织，被加入到网络中。原点公益为其做能力建设，也关注其在发展过程中的困难，并通过一些项目提升其能力。而这些社会组织在遇到灾情时，就有义务第一时间获得信息，参与到救灾当中。

具体而言，减防灾是一门专业。

上海等地也有不少学校，请老鬼来做减防灾的培训。他会评估学校潜在的灾害风险以及老师与孩子的能力，挑选自己准备好的课程——一些内容是自己研发的，因为中国建筑结构与国外不同，不能照搬国外的东西。

研发课程也挺费钱，最笨的方式是做实验。比如，逃生要砸玻璃，要看砸哪块合适。老鬼找了个玻璃厂赞助，一共砸了两千块玻璃，各自记录在什么位置敲，破碎要花多长时间。这样综合算出，整块玻璃在哪个位置可以最快最完整地砸碎。

而如果要研究"生命三角区"，就得盖假房子摇。老鬼认为不是三角区就能救命，有些区域不找三角区反而安全。

老鬼定期去川大和港理工合办的灾后重建管理学院讲课，甚至给民政系统的官员培训，让官员能看懂灾害管理的报告是怎么来的。

老鬼说，高层政府的民间合作，找的还是2008年的志愿者。本来应该让更多人参与，但人们最信服的还是最老资格的这批人。

行动研究

行动了就是研究者，一定要研究自己的东西。不学习，很多时候被专家忽悠。人家谈专业，你谈不出来，就傻眼了。

——高思发／中国心志愿者团队领队、北川大鱼青少年公益发展中心理事长

行动研究是一个以研究者为主的网络。其中，高思发学历最低，但经验最丰富，也有充分的学习愿望。他参与行动研究已有六年，如今成为里面的骨干力量。

行动研究意味着，自己研究自己。高思发认为，很多基金会不相信一线工作的人还有做研究的能力，只有把自己的事说清楚，才能让出资方认可自己，才能有尊严。否则，等着别人来研究，与自己的初衷不符，容易招致误解。

相对来说，大多数研究者不接地气，而能扎根下来的社会组织也并不多。因此，行动研究是学习与自我反思，也是为自己争取话语权。

高思发感觉，专家喜欢从理论上谈，要重建一个什么样的东西，但在一线做服务，研究的是自己已经重建了什么样的东西。他打算写一篇关于家庭重建的文章，谈谈这些年来，重建了什么，看到了什么。

玉龙县：电商上下求索

澎湃新闻记者 王昀

2017 年 4 月里迎接完国家电子商务进农村绩效评价专家组的考评，湖南永州人胡国平记起两年前坐在丽江古城酒吧里的某个时刻。那时，他望着窗外来来往往的游客，想到要把玉龙和永胜的农特产品卖给他们，内心充满力量。

但在丽江做县域电商服务商的两年并不轻松，尤其是在玉龙纳西族自治县这样的地方。云南有 97% 的山地面积，是国家级贫困县最多的省份。玉龙虽有玉龙雪山，却是丽江最穷的县，有 13 个贫困村，70% 是山区。

工信局是玉龙电子商务进农村的牵头部门。玉龙县工信局长尹宏对胡国平说，这里与北上广等大城市相差一百年：观念上落后三十年，基础设施建设落后三十年，市场培育落后三十年，机会上落后十年。

胡国平后来说，在丽江古城，虽然有那么多游客，但太多人没往里面走，没办法发现丽江是个什么样的地方。有多少人真正能放得下心来，在这儿待着，瞎逛着？

下行

电子商务进农村的浪潮，催生了县域电商服务商这个群体。2015 年 5 月 15 日，商务部发布了《"互联网 + 流通"行动计划》。其中提到，在全国培育两百个电子商务进农村示范县，每个示范县有两千万元专项资金。

示范县如何申请，申请下来后怎么才能用得好这笔钱，县政府往往需要与社会资本合作，请专业的电商运营者操作。

丽江玉龙县顺利申请到这个名额，它的服务商叫做丽江商盟电子商务有限公司，董事长胡国平IT出身，看起来精力充沛，像是在北上广或杭州常见到的人物。

胡国平过去曾在农特产品电商上赔过钱。他认为，此事虽尚无可见的盈利模式，但既然中央财政支持，未来前景值得展望："帮政府打造电商产业链，梳理里面最痛的问题，将来市场成熟，自己转型成产品销售商容易得很，毕竟全套资源都在。"

除了中央财政的两千万元，玉龙县也配套了几百万。同时，胡国平还有永胜县的项目。

胡国平的公司原本是做推广平台的，但在电子商务政策里，平台是最小的一部分。两千多万元的项目里，平台只占三十万。于是，他改变自己的方向，按照行动计划的要求来做事。

"得把政府看作战友，否则何以为他实现每个阶段的成绩荣耀？将来真正成为市场，政府主要做监管。问题是你能不能上到第一个高地，当你越做越多，政府就越来越离不开你。"胡国平出生在政府大院，也在知名外企工作过，深知两边的逻辑。

电子商务进农村，是个系统工程。玉龙县牵头此事的虽是工信局，但工作组涉及的县市级单位共23个；另外，下面还有17个乡镇和一个办事处。手续不可谓不复杂。

2015 年 8 月，玉龙就成为电子商务示范县；2016 年 4 月，玉龙县的电子商务平台开始启动建设。

得有看得见的硬件，要在村里和乡镇设站点，把电脑、货架、招牌等装好。玉龙县是个 U 字形，从县城到东西两边最远的村子，得开六七个小时的车。一路地块破碎，高低不平。最初去玉龙每个村建设电商站点的，是胡国平的小舅子吴宏铁。他让记者坐在副驾驶的位置，说："基本上都会晕车。后面晃来晃去，上次有记者来，吐了自己一身。"

一路向西，车窗外就是金沙江；树长在山上，像是梳子零落的齿。"石头多，树种不活，根扎不进去。"吴宏铁感慨，要不是旅游行业，这里真不知有多穷。

正是因为穷，电商服务站才要放过去，为电商扶贫创造可能。"不是像企业那样，多方面去评价一个点能否盈利，感觉能盈利再去开。而是带着任务，一定要建设。"

玉龙县一共建了 103 个电子商务服务站，其中有 16 个镇级站点，其余是村级站点。每个镇级站点投入 10 万元，村级站点是 3 万元。镇级合伙人要管理村级合伙人。这些站点刚建起来时，合伙人主要是帮助老百姓买东西，以及代缴各种公共服务费用等。目前也在酝酿更多功能。

有许多合伙人是通过电商培训发现的。玉龙县电商公共服务中心免费向所有玉龙县的民众提供电子商务培训。这当然是"电子商务进农村"项目的一部分。

不过，有的合伙人名额被某些村干部的亲眷占用——有可能只是为了领一台电脑。吴宏铁甚至感觉，有百分之六十以上是比较无效的。他认为，原本很容易把这部分人排除，要是收押金，他们肯定不来。但县级政府部门的考虑是，国家给的设备，没有理由去收钱，也不敢去收钱。

实际上，项目资金更多被用在类似物流体系这样的基础工作上。还有产品的质量体系建设、品牌建设等。这些工作更需要的是人才支持。

本地人才匮乏，这是令胡国平头疼的事。丽江的工资比发达地区低，人的效率更低。

有一回，商盟公司请本地老百姓摘苹果，工钱是一小时 80 到 100 元，但这些人的有效工作时间不到四小时，不负责任，沟通困难。后来，到建筑工地上请四川的建筑工人，150 元一天，但效率可以提高三四倍。

从大城市来到丽江的人，在这里待半年容易，但新鲜感消失后，就发现生活不便，留不下来。而本地的应聘对象，经过筛选、符合岗位要求的人，不到百分之二十。

国家电子商务进农村绩效评价专家组对玉龙县提出的一点意见，就是内生动力不足。

"很多站点一个月收入不足一千块。这就要求我们大力扶持。"胡国平说。玉龙县的 13 个贫困村都设了站点。但许多村里基本上是留守儿童，一个月可能不会花一元钱。

在此前做过超市的吴宏铁看来，云南这边的人不会做生意。他设想，可以通过团购跨过地区代理商，为合伙人带来流量和收益。一旦渠道打开，离开城市越远的地方，合伙人就越好做——因为物流配送体系也享受了"电子商务进农村"的补贴，相对而言，路越远，节约下的成本就越多。

许多事情需要自上而下推动。趁着绩效评价的整改契机，巨甸镇的镇级合伙人和卫华提出某个村级合伙人的问题。那是一位支部书记的儿媳，原认为做电商能带来好处，做下来发现不是这么回事，运营辛苦，就关门大吉。

人们的确乐意请和卫华在网上代买东西，和卫华已为村民代购了20万元的东西。巨甸镇离玉龙县县城有三小时的车程，是顺金沙江而下的第一个比较大的镇。对附近村民来说，不仅网上买农机农具便宜，更重要的是，在这儿买衣物可以现场试，万一不合适，退货比较方便——镇到村的最后一公里并不容易，等到从快递站点拿到家，也许会过七天的期限。

物流最难的就是从村里到县里。要不是看着有补贴，中通快递也不会在那些偏僻的村里设站点。2016年9月，通过招标，中通快递成为玉龙电子商务进农村的快递物流服务商。包括车辆补贴在内，政府承诺的补贴有100多万。与之对应的义务是：哪怕是最边远的山区，三到七天也必须送到，物流成本降低10%—30%；商盟设站点的地方，都有中通的站点。村民通过中通买的东西到达丽江，会先进入玉龙县电子商务产业园，然后被运到这些站点。

中转点

玉龙县电子商务产业园，和玉龙县电子商务物流配送中心同处一个院子。

这个院子面对火车站，距机场不到一小时车程。这里是丽香高速、大丽高速和丽攀高速的交叉口。丽攀高速接着京昆，上去就是大香格里拉环线。而附近正在修建的高铁，连接攀枝花和拉萨。

胡国平想把这里建成滇西北的物流中心。这里有加工平拣、预包装、速配打单、水冷冷库等各种设施。卖家可以直接把产业园里的农特产品发出去，发货距离就是园区距离，旁边的物流配送中心有4家快递公司。产业园里已有不少电商企业入驻，每平方米12元，第一年免租，第二、三年减半。

"如果要下行，厂家一定会和农村淘宝这样的平台合作，竞争力不在我这里。但上行不一样，厂家都在这方天，不具备供应能力，最终要上行。"胡国平看得很清楚。

胡国平把这里构想成一种平台的线下形态。在产业园中，一些农特产品的质量、标准、包装等，由商盟负责，并以"丽江风物""玉龙味"等公共品牌背书。而与其合作的卖家只负责销售，即把自己得到的订单发到产业园，从产业园直接发货。

玉龙县电子商务物流配送中心里，目前有4家物流公司，以竞标成功的中通快递的仓库最大。

但令中通快递丽江负责人吴劲松恼火的是，虽然自己竞标成功，但因程序上的问题，政府补贴一直没有到位，目前相应成本全是自己垫付。他觉得，所建的站点不少在雪山背后，山高路远，道路状况不好，成本太高。

"按照他们的解释，必须车子为公司所有，才能补贴给公司。但我们是轻资产，公司没有车子。尹局说，没关系，只要协议签好，车子落谁的户都可以，能为电子商务进农村服务五年以上就行。我以个人名义买了车，结果到最后补不了。"

玉龙工信局长尹宏也觉得此事尴尬。毕竟，村里没有规模效应可言，如果没有补贴，每个点都是极大的成本。但最后一公里不打通，电子商务进农村是做不下去的。

吴劲松也是为了借助补贴打开市场。"国家大力推广农村电子商务，一旦做起来，可能不比城市的量小。"他觉得，哪怕利润小一点，不赚钱也无所谓，但不能赔钱。"以前没有做政府项目的时候，单纯一点，什么问题也没有。"

某种程度上是为了保证物流稳定，胡国平最近联合 4 家快递，成立了新的快递公司。8 月 1 日，从物流配送中心出发的 6 条专线就要开通，保证每天来回一班。

这个物流配送中心辐射整个丽江，上一站是昆明。或许与云南的商业氛围不足有关，从这里卖出去的东西，不如人们买的东西多。据中通快递的吴劲松介绍，

玉龙县电子商务产业园与配送中心车辆

每天往下走的东西有七八千件，而往上的只有三千件不到，其中还有大约四五百件原产地不在丽江的旅游产品，鲜花饼、非洲鼓等等。

"电子商务进农村"的车上贴着显明的标志。车子从村里上来时，带着从村里发出去的货，然后再把要往下送的货带走。至于玉龙县，往西边跑的车是一天一趟，而东边货物数量不够，来回空车跑不划算，只能两天一趟。"平均只有六七件下去的，十多件算多的，上来的偶尔有一件。"

从中通快递的数据看，自从开展电子商务进农村以来，上上下下的货物数量确实明显增长，尤其是巨甸。2015 年下半年，一天只有三四十件下到巨甸去的货物，但到了 2016 年下半年，每天到巨甸的有一百多件，而从巨甸上来的货物至少有十几件。

上 行

巨甸镇站点的合伙人和卫华感觉，相比那些兼顾超市的站点，自己对电商更加专注。他是本地的傈僳族人，曾在村委会工作七年。

农产品电商与其说是通过线上买卖东西，不如说是通过互联网，把人的生产组织起来。

和卫华对我说起，因为组织的人不上心，此前村里的一些合作社都是空壳，并没有真正把人联系起来交易。因为采购者只挑好的，其余的东西不要，一部分农户的利益受损，无法再联合起来。

　　另外，过去一些扶贫的做法，也并未真正改善村民生活。比如核桃扶贫，原本是考虑核桃易种，适合土地细碎的条件，但并未考虑市场波动的剧烈影响。"政府只是给你一个种子，觉得种这个能卖出去。但种起来之后，政府是不管你的销量的。"2015年核桃一斤还是15元，2016年就掉到7元多。种的成本比卖的收入还高，农户都不愿意卖。

　　和卫华过去在村委会时，上面还组织种过苦良姜。老百姓不愿意种，而党员被要求带头种一亩。结果种下来，连种子的钱都不够，全部亏本。大起大落是农产品常态。"当时比较畅销。市场分析没有做，突然做了这个决定，是错误的。"

　　和卫华想改变一些事情。去年他竞选村主任，但并未成功，于是进入电商领域。他希望在电商合伙人的体系中，实现一些利人利己的事。

　　和卫华自己也在卖蜂蜜，货源来自亲戚。高海拔蜂蜜卖120元一斤，收购价是60到80元一斤——他向亲戚承诺，自己的收购价会比市场价略高。实际上，这些蜜不愁销，通过熟人朋友，在丽江基本就卖完了。而单纯挂在网上，通常是卖不出的，扩大销路全是由于运气。和卫华偶然遇到一个北京的买主，把他的蜂蜜拿去检测，后来这位买主又订购了很多。但这种蜜总共只有四五吨，再要多就得明年了。

　　不止高海拔蜂蜜，玉龙还有很多其他特产。玉龙的海拔高，这决定了物产的品质。比如，好的玛咖要长在海拔3000米以上的地方；但地块细碎又意味着

海拔不同，山上花种不同，蜂蜜的品质也不同。和卫华的一位亲戚，在相对低海拔地区养蜂，有三十多个蜂箱

物产的品质差异大，特定品质的物产数量不足，不易上规模和标准化。另外，长久以来，云南都是自给自足的文化，保证自家有足够的走亲戚的东西就行，不必把东西卖出去，的确没有动力。

即便物产能够上规模，只是把简单的信息放在网上，这种"互联网＋"也毫无用处。如今的流量成本太高，转化率甚至很难达到百分之五。

农户还不得不承担信息差带来的风险。种东西不易，但赚差价的人收益更大。最典型的故事也发生在玉龙——这里出产玛咖。2014 年，玛咖 200 元一公斤，而真正成熟时，价格跌了一百倍都不止。"销出去的钱还没有快递费用多。"

由于海拔高和土地细碎，这里很多地方比较适合种植中药。但即便如此，销售渠道的成本在价格中占比高，仍是阻碍农户增收的问题。中药材从老百姓手里到加工厂，就要经过五个环节。

在农村做农产品电商，面对的无非就是这些问题。无论胡国平还是和卫华，他们都先要找到订单，才能发动老百姓去种去养，而中间环节自然减少。

实际上，产品的品控、标准化等问题，是之前农村电商的最大痛点。某种程度上，商盟希望通过合伙人解决这些问题。

商盟鼓励合伙人牵头做合作社，不仅可以降低成本，进行规模化生产，形成分工，还可得到国家更多的定向支持。另外，相比合作社，农民个人的违约成本太低，产品的数量和品质都相对不可控。

　　和卫华也正在以电子商务服务站的名义，支持农户发起合作社，他自己帮助把关，把东西销出去，并收取一些服务费。

　　他认为，农户还能互相监督，确保品质。比如，"要是有农户给蜂蜜喂糖，只要旁边的人给我这个信息，我就不要他的蜂蜜，他就卖不出去了。否则，你骗人归你骗人，骗得顺利，那我也骗。而合作社就不一样，会影响大家一起的产品。"

　　"一村一品"是通行做法。商盟已通过合伙人收集的信息建立了产品库，包括产地、时令、高中低档等信息。未来希望根据数据的波动，来组织生产。

　　商盟也打算让电子商务服务站做收购站，把初级农产品分拣包装来对接产业园。分拣就是标准化的第一步，比如不同大小的核桃有不同价格。而和卫华希望，自己未来成立公司，申请做 QS 商品的标识，即核桃油这类经过深加工的产品。

　　和卫华设想，合伙人可以互补取暖。比如，自己村里某种东西量不够大，可以提供给其他人做；某种东西滞销，大家也可以一起卖。但更通常的情况是，一种东西的数量太少，很容易在自己的朋友圈里卖掉。由于地理因素，一些地方很难形成合作社，比如一座山两边的蜂蜜差异巨大，顶多能摊薄产品包装的费用。

　　和卫华在合伙人里是最活跃的。几个月前，他与另一位村级合伙人和剑猛一起，走了玉龙所有的电商站点，希望学习其他人的经验，却发现自己成了老师。

玉龙县电子商务培训课上

"有的站点，三四个小时教他操作。好一点的是代购，代销并不理想。"镇级合伙人应该要带领村级合伙人，但有的人并没有下去看过。

"文化程度不一样，素质不一样，思想不一样。有的是徘徊观望，看着这个做出来一点，心又热一点。过段时间，又去做别的。"和卫华看到合伙人参差不齐，觉得商盟也挺难的。

商盟最近也引入了合作伙伴，针对不同的对象，进行分层培训。

胡国平在杭州设立了运营中心，想要打通东部沿海的销售渠道，而深圳的批发市场也正在联络当中。其中需要建立地方品牌农产品流通标准化体系，也涉及多个行政部门。

"玉龙味"是玉龙县的公共品牌，而在胡国平看来，未来这里可能还会出现合作社品牌、企业品牌，以及村级、县级品牌。其关系类似高山乌龙与台湾乌龙。

但需要防止假冒。胡国平记得，去年做雪桃的时候，广州没有一箱雪桃是从丽江而来，但市场上全挂着丽江雪桃。香格里拉松茸是地理标志品牌，但九成松茸不是香格里拉的。地理标志品牌难以申请，申请好了也难以维护。因为打假要有主体，倘若政府来打假，是赚不了钱的，还得要有经费。相比各方面完善的阳澄湖协会，云南的相关组织还在起步阶段。

此前丽江的旅游乱象被曝光，游客随之变少。过去农特产一直被旅游压着，卖特产的店需要向导游返佣七八成，否则游客没有光顾的入口。结果是当地特产的生产销售者被榨干，东西的品质下降得厉害。看起来，农产品完全可以成为更好的地方品牌推广手段。

相比旅游，农特产才是高频消费。胡国平设想，游客可以成为销售的代理。他想到，还未被过度开发的老君山、塔城，有傈僳族文化和藏族文化，还可以加上维系。"完全自驾或体验的一条线，再做上民宿。来纯玩，再买东西，直接发货到家。"

丽江出产青梅，比江浙晚一个时令，大量上市前要做物流测试，此时采摘的青梅还小

后续

　　胡国平面色仍然严峻，毕竟他投入的钱已多于政府下来的拨款，服务商群体还没有赚钱。"这块布到处是漏风的。远的地方看不到，看到的还是一块布，越往近走，大洞看到了，小洞看到了，越来越小的洞都看到了，就发现你中间要做的工作太多了。"

　　2017 年，第三批电子商务进农村项目还在继续，号称要覆盖所有贫困县。这次，胡国平又在滇西北拿到几个点，但他不打算再做产业园，或是再做建设。

物流中心里，各村镇来往的货物数量不多

他有空的时候，会在手机上看直播，其他地方的服务商用这种方式讲课，也像是某种抱团取暖。

"遇到的问题都不可避免。"胡国平感觉，原来估计比较乐观，要 2018 年实现盈亏平衡。现在恐怕要调整到 2019 年。

眼下离当初定的战略目标更近，但困难也更大。"产业链的前后端是不匹配的。真正难的不是定商业模型的过程，而是把它落地，变成你真正想要的状态。"

胡国平当年来丽江，可谓天时地利人和，2014 年，《舌尖上的中国》热播，正赶上当地有积极的官员，胡国平到了迪庆州，做了一次"香格里拉松茸季"活动。进而，他被当地官员邀请，与迪庆州供销社合资，成立公司。2015 年，李克强提出"互联网＋"，中央办公厅继而提出"互联网＋行动计划"，而响应号召的云南省则发现在滇西北最北的一个地方，迪庆竟然有一个政府与企业合作的电商平台。在这场省里的大型会议上，胡国平成为唯一一个"互联网＋农业"的本地主讲，全省两万多人收看了这场视频会议，台下坐着省长、副省长。

他开玩笑说，那是人生的巅峰。

高黎贡山：追寻长臂猿

澎湃新闻记者 石毅

2011 年 5 月 26 日，高黎贡山自然保护区内，高黎贡白眉长臂猿幼猿（公）

　　湿漉漉的空气挂在山谷里，一场雨可能就要到来。早正旺站在自家门前，静静等着对面的山头上再次响起长臂猿的叫声。

　　对他和其他村民来说，一年中的绝大部分早晨，如果天晴，他们总是能听见它们长长短短的啼鸣，"唔喔——唔喔——"，就像是老邻居的问候。有时候到山里去捡山货的时候，还能远远看见它们站在树上。

　　在这个靠近中缅边境的傈僳族人村庄云南苏典乡，人们管这种长臂猿叫"甲米"。多少年以来，人们都认为它们与分布于中、印、缅一带的东白眉长臂猿无异。现在，早正旺知道它们正式的名字叫高黎贡白眉长臂猿。

2017 年 2 月 6 日，远眺高黎贡山脉

中国的研究者，36 岁的中山大学教授范朋飞等人研究了它们十年，证实它们是不同于其他长臂猿的物种。分子遗传学的分析表明，早在 50 万年前它们就与其他的猿分化独立出来，比人类走出非洲的时间还早约 30 万年。

虽然刚刚被认识，但科学家已经意识到这些长臂猿可能仅剩下不到 200 只。一个对比是，被认为同样濒危的野生大熊猫，最新调查显示它们的总群为 1864 只。长臂猿散落在高黎贡的森林中，被村庄、道路分隔成更小的群，这导致那些单身的猿很难找到伴侣，无法繁衍后代。

在全世界生物学家眼里，高黎贡无疑是个宝藏。这段南北狭长、跨越中缅边境的山脉远离城市，亚热带丛林、峡谷、远近闻名的大树杜鹃，还有终年不化的雪峰，巨大的垂直海拔落差，把四季同时浓缩在一条山脉里，给生命提供了许多可能。

到目前为止，在这里被记录的植物超过 5000 种，兽类超过 200 种，而研究者们几乎每一年都有新发现。

这里是胡焕庸线的最南端，欧亚板块和印度板块的碰撞挤压造就了高黎贡。有人说，自此向东走，就踏上了亚欧大陆，向西一迈，就进入到印度大陆，它是南北交汇和东西交融的走廊，却多少年来不为外人了解。

除了少数"明星动物"，我们对生活在中国境内的绝大部分物种了解少之又少。现在研究者们掌握了大量的高清照片，可以一眼辨别不同长臂猿的外形差异，但在有机会拍下这些照片前，野外观测困难重重。

"它们不会坐着不动等你来观察。"范朋飞说。

他常年不甘寂寞地在野外追踪它们。一些猿慢慢习惯了有人存在，他可以在几十米外静静地观察它们，而不会令它们感到受威胁。"这叫习惯化。"

中山大学教授范朋飞（右二）在苏典一观测点

他是中国第一个习惯化野外长臂猿的研究者。十几年前，这位年轻的动物学家在云南的无量山追踪西黑冠长臂猿，他偷偷跟在它们后面，尽可能接近它们，如果被发现了就得赶紧躲起来，只为赢得它们的信任。为了不让药品的异味影响他们，他和他的助手们甚至连防蚊虫的药水也不敢涂，只能趴在树丛里忍着。

这样过去了 18 个月，到了 2005 年 3 月，一个下着小雨的早晨，他跟踪的长臂猿一家子在树上饱餐，接着它们爬上了一个陡坡，他赶紧跟上去怕丢了。但这次运气似乎也不好，爬到一半的时候就已经看不到它们。他失望地坐下来，拿出一个苹果来吃。突然间一扭头，他看见那些长臂猿正坐不远处的树上看着他。他脚下的岩石高出一截，他几乎可以平视它们。过去如果他被发现，它们总是匆忙逃走，但这次它们就坐在那儿休息，开始互相理毛，就像他不存在一样。

"我正吃着苹果，当时眼泪就哗哗地掉下来。它们可能早就已经习惯我了，但那是我第一次意识到。"

第一次，范朋飞得以近距离地观察它们一整天，直到它们过夜。对于动物学家来说，这是一个了不起的进展，它标志着习惯化的完成，而过去这些长臂猿由于受到打猎者的威胁，对人异常警惕。

在无量山的研究积累了宝贵的经验。在高黎贡，范朋飞和助手们一共习惯化了三群长臂猿，最终将它们和其他白眉长臂猿区分开。

生活在高黎贡的傈僳等民族也有打猎的传统，一直到十几年前国家没收了猎枪。不过，傈僳的男人们还保留着佩长刀的习俗。不论多久没用上，他们总是把它擦得锃亮。在那里，许多地区都流传着用长臂猿来治疗癫痫和其他疾病的说法，苏典等极少数地区是例外。

狩猎正是过去导致长臂猿数量大幅下降的一大原因。范朋飞说，他在研究它们时就险些遭遇偷猎者。

大约在 2010 年，他在山里追踪长臂猿时听见远处枪声。后来又试着找了 6 个月，再也没见过踪影，他非常肯定它们已经命丧于猎枪下。

长臂猿有较为固定的家域，它们通常终其一生住在那里。它们高声的鸣叫一来是为了守护家园，二来则是为了寻找伴侣。这些特征都让它们容易陡然暴露在猎人面前。

如果不是苏典这里不同的风俗，估计也无法与长臂猿共存。范朋飞说，他的研究发现，目前仅有云南高黎贡山区的三个市县（保山、盈江和腾冲）还有长臂猿栖息。

按照早正旺的说法，他的族人相信长臂猿是"神猿"，午后的叫声预示着村庄将有人去世。"我们家老人就说不能打。"

乡里的森林公安曾经没收了被人偷猎捕获的小

长臂猿，交给早正旺去放归。他把它带到对面的山上，希望它能和那些已经住在那里的长臂猿相处，或是寻找到新的居所。他每天带着一些水果去给它吃，只要听见早正旺的声音，那猿就自己跑过来。但几个月后他就再也叫不来它。早正旺心想，它是不是又被人给抓去，或者在竞争中被别的猿打死。多年以后回忆起来，他还是觉得心疼，不愿意别人提起问起，"像是丢了自己的儿子"。

在猎枪没有被没收前，早正旺以砍树、打猎为生，山里的猴子、熊、野猪都打过，唯独守着家里的祖训不打长臂猿。禁猎以后，他于 1989 年被聘为护林员。野生动物被保护起来后，他又发现逐渐有其他地方的猿跨过山头迁过来。于是，他开始奉劝别人也别再打它们。

禁猎以后，它们更大的威胁来自栖息地消失和破碎化。它们是现在已知全世界居住海拔最高的类人猿，有的群甚至在海拔 2700 米的森林中栖息。而研究发现，它们更喜欢低海拔热带雨林，那里的食物丰富得多，但现在那些地方大多成为人类的村庄、道路和农田。

留给它们真正的原始森林所剩无几。在靠近村庄的地方，人们在林下种植草果。这种豆蔻属的植物最终将从这里的边境小镇被运往城市的餐桌和药材铺。但这之前，必须要砍掉树下的灌木和杂草，人们也会修建一些树枝，让草果更好地生长。

范朋飞的研究发现，草果种植逐渐影响到长臂猿觅食，它们必须花更多的时间寻找食物，更少的时间

2017 年 4 月，云南省盈江县苏典乡腊马河村，傈僳族村民早正旺和同伴一起上山观测分布在这一带的高黎贡长臂猿

休息。这是因为它们可食的一些果树被砍掉，没有足够的果子，就不得不以叶子为食。这些变化还导致它们不得不减少活动范围，以降低身体能耗。

在为数不多的种群里，只有约一半的猿生活在高黎贡山国际级自然保护区内。这个保护区只是广义的高黎贡山的一小部分，其他的猿不得不与村庄为邻。

这让范朋飞意识到，真正能保护它们的，是那些与它们共享森林、朝夕相处的村民。

"像（苏典）这样站在家门口就能听见猿叫的地方，能有几个？"范朋飞说。

他和几位志同道合的朋友，于两年前成立了名为"云山保护"的机构，希望联合许多像早正旺这样的人，保护中国为数不多的长臂猿。

在宣布发现并命名这个物种后，范朋飞于2017年春带着志愿者们再次回到高黎贡进行物种数量调查，虽然调查结果还有待分析，但他已注意到，长臂猿的种群与十年前相比又有少许下降。

他总是想起《下江陵》中那句著名的诗句，"两岸猿声啼不尽，轻舟已过万重山"。这首诗告诉他的是，曾经的中国，猿的足迹遍及江南江北，而现在它们已经退缩到南部云南、广西、海南三省极少数的地区，留给人们的机会已经不多。

云南苏典乡当地人早正旺

腾冲：老人言

澎湃新闻记者 吴海云

腾冲景观

　　整个中国都在热火朝天地进行旅游开发，胡焕庸线的西南端腾冲也不例外。

　　从各个方面来说，腾冲开发旅游，具备着得天独厚的优势——它有着奇特而壮丽的地形地貌。它的火山群类型齐全、规模宏大、分布集中，保存也比较完整；它火山堰塞湖所形成的湿地，草甸漂浮于整个湖面之上，是难得一见的"草排"；它的高黎贡山，"一山分四季、十里不同天"，有着极为壮观的垂直自然景观和立体气候；更不用说它以"热海"为代表的温泉，青山环抱，一水喧腾，是早已全国驰名的地热疗养胜地。

　　腾冲也有着深厚而独特的人文资源。自明朝"留边戍屯"后，这个毗邻异域的华夏边陲便是儒家精神的传承之地；二战期间，又曾是远征军鲜血浸润的战场。今天到腾冲的游客，一定会抱着休闲的目的，去宗祠林立的和顺古镇转一转；又收拾起肃穆的心情，参观古镇几里之外的国殇墓园。

　　有这样的"硬件"，又身处全国旅游开发的热潮中，这两年，腾冲旅游开发的势头很猛，成果也非常显著：腾冲被国家旅游局列为全域旅游示范区创建单位，火山热海旅游区被正式批准为国家 5A 级旅游景区，高黎贡山已成为国内外徒步爱好者公认的"探险者的家园"，和顺荣登"中国十大魅力名镇"之首，银杏村从一个贫困的山村华丽转身为游客纷至沓来的"农家乐"典范……有关部门对旅游环境的保护、旅游设施的建设、旅游景点的开发、旅游服务的规范，也可以说是有口皆碑。

然而，如此"大好形势"下，却有一些不那么乐观的人。他们都已年过古稀，生于斯长于斯，对故乡有着毋庸置疑的深爱；他们在人生的壮年不遗余力地建设腾冲、宣传腾冲，但眼下却在担心，热火朝天的旅游开发，会消损他们原本诗意而美丽的家园。

也许，他们是跟不上时代、有一点"糊涂"，但中国有句俗话，"不听老人言，吃亏在眼前"。也许，越是繁花似锦、烈火烹油的时节，我们越应该沉下心，听一听、想一想老人们的逆耳忠言。

李正：历史必须真实呈现

第一个老人，叫李正，今年 73 岁。

李正的祖父是清代光绪癸卯科的举人，参加过辛亥云南起义；他的父亲在抗战初期，曾在云南警务处雇员处供职。他的曾祖母、三叔祖父、三叔祖母，以及一个刚出生的姐姐，都在战乱中丧生。两位尚在念腾冲省立中学的堂叔，也因为国难当头而投笔从戎，其中一位在长沙战役中为国捐躯。国仇家恨，使李正与抗战的历史结下了不解之缘。

李正出生在 1944 年腾冲光复和 1945 年中国远征军和中国驻印军在缅北芒友胜利会师之后，父母给他的乳名就叫"胜利"。孩提时代，父亲就经常带他去城南的来凤山看战场遗址遗迹，带他到国殇墓园看为国捐躯的烈士墓冢，教他念于右任先生为阵亡将士纪念塔的题词："为世界，为正义，为祖国，争自由，腾冲一战，碧血千秋"。

长大后，李正读过省艺术学校，在丽江做过高台教化，蹲过牛棚。之后回到腾冲，做过十几年的"赤脚医生"。"文革"结束后，他先后在县委落实政策办公室、滇剧团、农机局、花灯团工作过，但最放不下的始终是中国远征军抗战史和地域文化的研究情结。

1988 年，李正主动要求调到县文物管理所搞文物保护和地域历史文化研究工作，又于次年投考了省文化厅职工大学文博考古班。之所以毅然决定在 42 岁的时候去做一个文博班的老学生，就是为了学成后做他最想做的事情：研究中国远征军抗战的历史，保护抗战遗址遗迹，恢复在"文革"中遭到严重破坏的国殇墓园，保护腾冲文物，揭示边地历史。

学业结束归来，文物管理所搬迁进国殇墓园。从此，李正一面做文物保护，一面做历史研究，沉醉在揭示恢复历史本来面目的学术研究和田野考查之中。

近几年来，尘封的中国远征军的历史逐渐被人们知晓，腾冲"国殇墓园"成了一个闻名遐迩的所在。不仅烈士塔、烈士墓和忠烈祠早已修复，墓园旁还建起了一座宏伟的滇西抗战纪念馆。然而，李正却没有对此感到太多欣慰；他告诉记者，随着"远征军热"的兴起，有些人开始炒作、戏说甚至叫卖那段历史——

"许多与史实相差甚远的所谓'研究成果'招摇过市，腾冲反攻战役被炒作为'东方诺曼底之战'，杜撰的腾冲战役作品被冠以'最真实的腾冲抗战'。

编造虚构自己历史的所谓'抗战老兵'被称为'活着的烈士'被推上神坛。有的时候，政府还成为搭台唱戏的一方。"李正说，"杜撰、虚构抗战历史，是对抗战英烈的大不敬，戏说抗战历史，本质上就是对抗战历史的最大亵渎！"

李正还告诉记者，炒作之风在腾冲时有所见。比如一度被炒得沸沸扬扬的腾冲和顺人尹蓉，本是旅居缅甸的一位普通华侨，却被宣传为做过缅甸贡榜王朝的"四朝国师"，帮敏东国王设计和督造了曼德勒皇城。网络、书刊对此大张旗鼓、争相传颂，还将尹蓉的形象搬上旅游节的舞台。但李正经过深入调查认真考证，所得出的结论是：缅甸曼德勒皇城的建造与尹蓉无关。

"地方政府发展旅游业，应把保护生态环境，保护文物古迹，保护传统历史文化放在首位考虑，对旅游资源进行理性的科学规划，营造可持续发展的旅游环境，这才是正道，而绝不能靠炒作来做虚假宣传。"李正说。

刘振东：应该像保护文物那样保护和顺

第二个老人叫刘振东，今年 72 岁。

在腾冲的和顺古镇，有著名的寸、刘、李、尹、贾、张、钏、杨八大宗祠。和国内很多地方不一样，在和顺，这些宗祠不仅是景点，而且是"活着"的，是宗族聚会、祭祖、教育、互助的公共场所。

其中，刘氏宗祠坐南向北，依山傍水，存有乾隆时"永免钱粮""保我子孙"的古碑，汉高祖刘邦、光武帝刘秀、昭烈帝刘备的三祖遗训碑，还有目前国内最大的"家堂"。和顺的刘姓人家，多半就住在以刘氏宗祠为中心的水碓村与尹家坡。

　　刘振东住在尹家坡。他曾两次担任县教育局局长，并做过腾冲的华侨中学——益群中学和腾冲一中的校长。和顺人历来尊师重教，认为"古往今来益人者莫过于书"，因此这位老校长可谓德高望重，桃李满天下。

和顺古镇内的张氏宗祠

一辈子生活在和顺，在刘振东的心目中，他的家乡美轮美奂。"我们这个地方比很多村镇都优美，有山有水，文化深厚，宁静幽雅。到了和顺，就像到了天堂。"老人家话锋一转，又说，"可惜，这个天堂已经远远不如过去了。自然的东西在消退，风光在下滑。"而造成风光消退的主要原因，是和顺古镇近年来如火如荼的旅游开发。

比如，现在距离刘氏宗祠不远处的"野鸭塘"，在刘振东看来，就是旅游开发留下的一处败笔。原先，那个地方是一大片荷塘和水田，当中还有一条从延龙

腾冲和顺古镇范围和商业开发区域示意图

河流下的小溪穿过，溪水清澈见底，鱼儿历历可数，溪上还有一座精致的小桥。但大约十多年前，当地政府和开发商为了发展"水上项目"，在这里建起了一座大坝，把湿地的一半变成了一摊静水。

这个水上项目，造成的可能还不仅仅是风光和意趣的损失。这些年，和顺的水位在不断下降，水质也出现了富营养化。"以前我们这里水资源非常丰富，现在都枯竭了。"刘振东说，"你看那个水车，以前是靠水力的，现在水不够了，只好用电发动，就是为了让游客看个新鲜。这有什么意思呢？"

在和顺开发旅游的柏联集团所建的那个"和顺小巷"，刘振东也不喜欢。他告诉记者，以前的和顺人对生态环境的保护非常注重，围绕古镇的环村河下不能有任何建筑，柏联集团却不顾约定俗成的老法，在环村河下大兴土木。"现在，他们又要依法炮制，在另一头建'西巷'了！这样最后的结果只能是，和顺变得不伦不类，最终变成一个大卖场。"刘振东说。

刘振东强调自己并不是死脑筋，"和顺毕竟还是要发展，旅游开发也是可行的。如果不发展、不引入新的思想，这个地方会成为死水一潭。'祖宗之法不可变'，这句话我不赞成。"刘振东说，"但是如果因为要变，把所有优秀的东西都湮灭了，那也太可惜了。"

在刘振东看来，像和顺这样有代表性和影响力的古村镇，国家应该做重点的保护和开发，"像保护文物、保护大熊猫那样"。他认为，保护和开发是可以不冲突的。"如果把和顺的自然环境和人文传统很好地保存下来，旅游来的人只会更多。"刘振东说，"不然的话，就是自己把自己的生路断绝了。"

林超民：旅游开发应有敬畏之心

第三位老人，叫林超民，今年 74 岁。

1942 年 4 月中国远征军入缅作战失利，日军逼近中国边境腾冲龙陵边区。腾冲居民大都逃离县城四处避难，包括林超民的父母和他刚满一岁的哥哥。他们翻越高黎贡山，渡过怒江、澜沧江，最后在大理落脚。1944 年 6 月，林超民在大理出生。同年 9 月 14 日远征军收复腾冲，他的父母即刻收拾行装，带着他和哥哥回到腾冲。

林超民关于故乡最早的记忆，就是一片战争留下的焦土。他记得，小时候城里有一个兴盛的生意，就是回收废旧枪弹、子弹壳等战场遗物。不少人靠收集出售废旧弹壳等战争遗物致富。他和小伙伴捡到弹壳卖给收旧货的人，可以换得小钱买小人书、学习用具和零食。

岁月逐渐抹平了战争的疮痍。林超民读中学的时候，经常在星期天吃过早饭，就从城里步行到和顺乡，一路上背诵古文、俄语，或默记数理的定义、公式。到了和顺，先在元龙阁清澈见底的池塘游个泳，再到和顺图书馆看书。下午，又背着诗文、记着单词、想着功课，步行回家。之所以会步行六七里到和顺图书馆，是因为那里不仅有许多可读的报刊，还有安静优雅的环境、和蔼可亲的管理员，更有不少饱学之士可以随时请教。

1962 年，林超民离开家乡到昆明求学，历任云南大学历史学系主任、西南古籍研究所所长、云南大学副校长，从此，昆明成了他的久居之所。但是，他时不时就要回腾冲看看，那是他"永恒意义的故乡"。

一次次地返乡，林超民见证着家园的蜕变。直到20 世纪 80 年代，腾冲的面貌仍没有太大的变化。但这些年，腾冲城年年都在改变：坝区的农田消失殆尽，到处是新建的楼房；几乎家家户户都有的水井不见了，人们用起了方便的自来水；石板路没有了，取而代之的是宽阔平坦的柏油大道。

和顺古镇村口，每天都有不少游客和靠游客为生的人

变化最大的是和顺。原先那是个宁静的乡村，没有车水马龙，没有灯红酒绿。"但自从它入列'中国十大魅力名镇'且荣登榜首后，这个美丽的小山乡就成为某些政客、商贾、文士的'唐僧肉'。他们争先恐后，急不可待地涌入这块宝地，争着要从中分取一杯羹。"林超民说。

那个为老人的少年时代提供无限精神滋养的和顺图书馆，如今成了旅游团蜂拥而至的热门景点。到处都是导游挥舞的小旗子和游客拍照的闪光灯，这个队走了，那个队又来了，人声鼎沸，已不是一个能静心读书的所在。

"旅游是一门学问。我是学历史的，不懂旅游，不敢乱发议论。"林超民说，"但旅游开发，一定

腾冲火山景区

腾冲传统民居一角

要怀有敬畏之心，要敬畏自然，敬畏历史，要敬畏传统，要敬畏民众。特别要警惕以所谓'人民的名义'做危害人民的事！"

　　林超民指出，腾冲市发展的战略是"生态立市、旅游兴市、开放活市、工业强市、农业稳市、文化名市"。旅游开发当然是腾冲市的发展重点，但那仅仅是重点之一，而不是唯一。无论如何，它不能影响到城市生态，不能威胁到当地老百姓美好的生活家园。

　　"腾冲是自然风光与人文蕴涵并美的地方。我们不反对开发，只希望不要过度商业化、世俗化、庸俗化。留住青山绿水、蓝天白云，留住故园之美、故园之情。"林超民说。

附录

对话牛文元：尽快建立生态补偿制度

澎湃新闻记者　王　昀陈　曦

澎湃新闻：您提出胡焕庸线是一条生态脆弱带？

牛文元：对，这个是很明显的。脆弱的反应是什么呢？就是雨量稍微有变化，这条线就来回摆动，它不是很固定的，所以叫脆弱带，脆弱就是顶不住外力的稍微变化。胡焕庸线代表的实质是什么？是自然地理环境本身的一个变化，从湿润向干燥的过渡，从农业向牧业的一种交错。从生态环境来讲，它容易变化，是季风气候到干燥气候的交界处。这就决定了人口的分布是和这个有关系的。人要想生存好，生活好，得找一个好地方嘛。这个地方雨量又比较多，又是平原，居住条件和环境又比较好，成本比较低，修条路在平地上就比较容易，你跑到山里修就难了，因为各种原因，这边（胡焕庸线东侧）集中的人口多是肯定的。人口本身反映了自然地理环境和自然地理条件，经济上也是如此，中国主要产生财富的地方就是在这（胡焕庸线东侧）。你说跑到沙漠里面去，能产生多少财富啊？这就是从地理区域划分来讲的。地理决定生产力，反映的是非常本质的东西，就是我讲的生态环境脆弱带，就是国际上通用的名词：ecotone（生态脆弱区）。

中国划分东、西部，根据什么来划分的？就是胡焕庸线。咱们中国不是分四个区嘛，东南、东北、西南和西北。西部大开发的西部指的是哪？基本上就是胡焕庸线以西，我们称为西部。为什么这个地方需要开发？人烟稀少，经济不发达，人口本身的素质相对比较低一点。我们扶贫，贫困县或者贫困地方基本上胡焕庸线以西占多数，而且少数民族还占多数。从民族本身的公平和贡献来讲，这也是我们很重要的任务。

从生态环境脆弱的角度来讲，我们在给中央提一个建议，叫做生态补偿制度。什么意思？就是这个地方生态的环境条件相对比较差一点，它的主要任务是保护好生态。我举个例子，像青海这个地方肯定在胡焕庸线的西边，青海的三江源是长江的发源地，又是黄河的发源地，又是澜沧江的发源地，是三江源头。如果这个源头我们保护不好，将来中下游不就倒霉了吗？但是要让当地保护好三江源，本身经济实力又不够，所以就需要我们下游的地区补偿源头地区，公平的角度，要补偿人家替你保护三江源头。所以，生态补偿制度的建立是一个发达文明国家必须要走的一步。

生态补偿机制从全国讲怎么分工呢？胡焕庸线以西的地区主要任务是保护生态，不要让它再恶化。

环境好了干什么？有利于东部的发展。东部发展了，赚了钱，有了财富，就应当拿一部分去补偿西部，让西部更好地去保护生态。胡焕庸线本身是个生态环境脆弱带，这个脆弱带的西部环境质量、生态质量比较差。东部生态质量比较好，质量好的地方可能就多发展，成本也低嘛。发展起来就应当拿出一部分来补偿西部替你保护生态，因为国家是一个整体。胡焕庸线将来会作为生态补偿的一个分界线。

澎湃新闻：您说的这个生态补偿制度，有没有什么地方已经做起来了？

牛文元：局部的有，但是全国范围还没有形成制度。局部，比方说这个县和那个县，我这个县供应你水了，你应当给我一点补偿，这个就是局部的。所以从整个国家来讲，我们要促进这个制度的建立。这样东西部之间就更公平公正了。

而这种公平公正对整个国家大有好处，生态环境也保护好了，经济发展也上去了，是双赢的。

国家已经开始在做这个事情了。比如扶助一些贫困的省份，让他们的生活水平与全国达到平衡。在小康、九年义务教育、医疗保障、养老等方面要考虑。既然是补助就要有一个界限，谁补助谁？大致以胡焕庸线作为它的宏观表达。这条线不是一条线，它是一条过渡带。

澎湃新闻：您能不能讲讲这条过渡带上的表现是怎么样的？

牛文元：它有三个很重要的特点：第一是变化快。今年我这里要降雨多了，明年能不能降雨多？我不知道。它不像东部季风气候带，每年夏天来了肯定要下雨，温度也上来了，有利于农作物的生长。这个带上第一个特点就是变化快。

第二，这个地方最容易受到破坏。假如我今年在这里开了荒，种了地。明年能不能种这个地？我不知道。这里退耕还林、退耕还草是必须要解决的问题，你不要随便去开辟成农田。开辟成耕地，主要以种草、种树为主。

第三，任务很重，因为这个地方代表了中国整体发展的一个界限，这个界限好了，那就证明整个中国好了，它是一个标志。

有人说胡焕庸线本身在变动，我们认为最近几百年之内它不会有太大的变化。为什么？自然环境不可能那么快地变化。尽管政策上可以做点工作，但自然条件变化相对比较慢。要完全把北部或者西部变成塞上江南，个别地方可以，整体上是不可能的。各种条件本身就决定了，没有办法。因此，我们要认识到脆弱带必将长期存在的这个现实。

过去我们有一个错误的认识，认为人的本领太大了，可以让高山低头，让河水让路，喝令三山五岭开道。很豪迈，但你去征服自然，恩格斯早就讲了，你每征服自然一次，自然就要给你一次报复。这个报复让你吃不消，所以我们讲不要干这种傻事。一定要顺应自然发展的规律，然后来部署我们的政治、经济和文化。这个没有错，因为人本身就是自然孕育的一个产物，人哪来的？不就是自然界慢慢演化、进化出现的嘛。人反过来要把自然作为自己的奴仆，这本身就不合理。

澎湃新闻：胡焕庸线是生态脆弱带，在这些年的变化中，它有没有一些好转？

牛文元：应当说"文化大革命"以后，我们有几个举措，脆弱带的脆弱状况有好转。两个最明显的，第一是退耕还林还草，这是国务院发了通知的，非常有效。我举个例子，像延安、榆林这些地方，以前山都光秃秃的，我们都去过。现在树木都起来了，这是很明显的。还有长江上游的天然林工程、三北防护林使得这个地方的脆弱度减轻了。这是一个非常重要的标志。第二是我们注意一些技术和工程。比方说水土保持工程，在河的上游修建水库等。

澎湃新闻：您提到水土保持的工程是什么？

牛文元：水土保持工程就是指在山坡上种林种草，沙漠地带搞草方格。我讲了两个，一个是我们利用政策退耕还林，天然林保护。第二个是工程，包括水利工程、水土保持工程、防护林工程。这都是国家大的工程。这些东西逐渐使生态环境恢复到原貌，逐渐变好，使干扰度和脆弱度减轻。

澎湃新闻：现在有新技术影响人口积聚，对生态有影响吗？

牛文元：选择好的草种和林木品种，抗风沙。例如，毛乌素沙地在陕西和内蒙交界的地方，他们就采取了一些办法，因为外地移植过来的树木和草不一定能生存，他们就培植当地的品种，结合当地的土壤和气候条件，那些树木和草成活得越来越好。北京的沙尘暴来源是哪里？其实都在西部地区。那些地方如果覆盖比较好了，风沙源不起来，那北京等东部地区的沙尘暴就会减轻很多。总体来讲咱们得出一个结论，就是这个生态环境脆弱带，不可能在短期内从根本上解决。但是可以有限地改善它，通过方针政策，如我们的退耕还林还草，我们的天然防护林。

澎湃新闻：我们经常会搞一些大工程，它们会对这个地方有一些破坏吗？

牛文元：大工程的地方选择要选择得比较正确。工程一般来讲都是在局部的地方做。局部的地方做，如果你选得不好，它可能会有破坏。如果你选得好，可能就会有帮助。这个要辩证地看。你说完全不动行吗？那里还有百分之几的人还要生存、生活呢。他总要吃饭，总要住房，而且你交通也要通过去，你肯定要触动自然。你触动自然的时候要顺应自然的规律。比方说你这个路两旁种树，种什么树？你不能说我随便找一个树种上就行，一定要适应当地的环境。比方我们经常讲的胡杨林。胡杨林在那个地方行，在东部就不一定行。东部别的树也不行，那个胡杨林讲活着一千年不死，死了一千年不倒，倒了一千年不朽。所以我们一定要按照自然规律来办事。通过这些政策、方针、工程和我们认识自然的深度提高以后，这个地方总体来讲脆弱度减轻，有改善。

胡焕庸之孙谈祖父

澎湃新闻记者　王昀

"胡焕庸线"是个地理书上的概念

中国著名人口地理学家胡焕庸，在1935年发表了《论中国人口之分布》。文中，他连接黑龙江瑷珲与云南腾冲，指出两边人口密度差异显著：东南边，全国96%的人口，生活在全国36%的面积上；而西北边，在64%的面积上，只生活着4%的人口。

这条虚拟的人口地理分界线，至今仍然稳定地存在着。人们可以通过交通路网、农牧业分布、QQ在线人数等，清晰地把它辨识出来。

胡焕庸故居

这条线的背后，又有怎样的故事？澎湃记者前往南京，在胡焕庸1934年所建的住宅里，对其孙胡复孙进行了采访。

除了1937年7月随中央大学西迁重庆，和去美国考察研究之外，胡焕庸在当时的国立中央大学工作期间，就居住于此。

胡复孙在这栋三层小楼里住了大半辈子。《论中国人口之分布》中的那张中国人口密度图，应该有一部分工作是在这里完成的。胡复孙把这张图垫在写字台的玻璃下。

胡焕庸故居

求学与教育

澎湃新闻： 为什么想要研究自己的祖父？

胡复孙： 我的老家是江苏宜兴。宜兴历来有尊师重教的传统，出了很多知名的专家教授。祖父有七个子女，多数人从事理科或工科，没有人研究地理。1953 年以后，祖父调入上海华东师范大学工作，父母亲和我们在南京生活。

这些年我深深感觉到，关于人文地理，关于祖父的研究，越来越风生水起。社会这么重视，作为家属，我们理所当然要关心和参与。

这些年，我和东南大学、南京大学、苏州中学、中国气象博物馆等祖父工作过的地方多有交流。祖父早期的故事，我逐步了解了更多。

我父亲是南京航空航天大学的教授，也是长子。关于家庭的事情他经手的比较多，以往也和我说起过一些。我们家里还留存有少量祖父的书，社会上更有许多报道，我也收集了不少资料。随着对这些资料进行研究，我的兴趣也越来越浓。

澎湃新闻： 对祖父的青年时代，您有哪些了解？

胡复孙： 祖父是 1998 年辞世的。他去世之后，我们把一些材料连贯起来，逐步对他有了更多了解。

祖父出生在宜兴农村。我的曾祖父是私塾先生。祖父是独子，但生下来二十个月，他的父亲就去世了。他们母子二人在农村生活，艰难可想而知，全靠我的曾祖母缝纫衣服，补贴一点家用。

但是即便家境如此困难，曾祖母也没有放弃对祖父的教育。曾祖母先教祖父认字，6 岁即送入私塾读书。祖父读书非常努力，考入以全英文教学和要求严格而闻名的省立常州中学。

我听到的故事是，他多次想辍学，早点工作补贴家人，但他的老师和母亲都让他一定要继续读书。高中毕业之后，老师鼓励他报考师范学校。当时师范不要学费，还给生活费，所以当时贫困学生的首选就是师范。

南京高等师范学校和普通师范还不一样。郭秉文校长是哥伦比亚大学的教育学博士，聘用了很多从美国和欧洲留学回国学有专长的学者从教。虽然这所学校很难考，录取比例是十取一，祖父还是考入了南京高等师范学校文史地部。

祖父入学当年，南高师文史地部共录取 36 人，全部是家境贫寒、艰苦学习的青年。他们知道，只有勤奋读书，才能改变命运，所以求学心切，日夜苦读。

当年南高师地学系的主任，正是美国哈佛大学毕业的气象学博士竺可桢。竺先生和国学大师柳翼谋是祖父最敬仰的两位老师。在地学系学生中，祖父和另一位学生张其昀是竺可桢最看好的。他们二人后来都成为卓有成就的地理学家。

祖父从南高师毕业后，去了扬州中学做了两年史地教员。1926 年回到南京，补足了东南大学的学分毕业。当时他和三个同乡商量好，以互助互济的方式，去法国继续读书深造。两人先去，另两人在国内挣钱支持，待先去的二人学成回国，再支持另二人就学。祖父和日后成为民族学家的凌纯声是先去的两个人。

在巴黎大学，祖父师从国际知名的地理学家，不仅勤奋苦读，还不断将大师著作翻译寄回国内，传播西方学术思想。后来国内战乱，他很牵挂母亲安全，经竺先生同意就回国了。竺先生还汇了他一笔钱，买了精密气象仪器用于筹建中的国立气象研究所，还要求他考察欧洲部分天文台气象台。

回国之后，27 岁的祖父就被聘为中央大学的地学系教授和中研院国立气象研究所研究员。不仅在中央大学地学系讲课，同时用一半的时间和竺先生一起筹建气象研究所和钦天山（今北极阁）气象台，成为竺先生最为得力的助手。自此，祖父在中央大学任教长达 21 年。

胡焕庸之孙胡复孙

澎湃新闻：您怎么看待胡焕庸在学术研究以外的工作？

胡复孙：祖父不仅是一位学者，他在教育、行政方面的工作，也不应被忽视。

1931年，祖父在担任中央大学地理系主任时，应江苏省教育厅多次要求，兼任了省立苏州中学校长两年。在这两个学校，他对所负责的工作应该说是做得非常优秀。

在苏州中学，他本来只是答应任职一个月，但开学不到半个月，"九一八"事变发生，人心浮动，教育厅找不到合适的人。因此，他一做就做了两年。当时，他还把家从宜兴搬到了苏州。那时战乱初起，很多学生被家长带走，教师也想走。而校长把家搬到学校，还掏钱买了家具，人心很快稳定下来。

苏州中学的男女同校，就是在祖父任内开始的。他在苏州中学还建立了化工科，类似现在的职业教育。另外，他还对很多毕业生的求学、就业方向进行考察，以改革高中教育。

1933年夏天的全省会考，前三名都是苏州中学的。在前十名中，苏州中学占了六名。当时这也是非常轰动的事。在苏州中学任校长两年后，祖父回到南京。

苏州中学的校长，一直是他比较满意的经历。一直到祖父晚年，许多学生和他还都有联系。我多次到过苏州中学，学校对祖父的这段工作评价也很高。

而中央大学地理系，当时各方面条件非常艰苦，但聘用了许多尽职敬业的优秀教师。他们一起担起了中国地理学研究的重担。1934年，祖父和翁文灏、竺可桢、李四光、黄国璋、张其昀等四十多位地学界人士，发起成立了中国地理学会。他长期担任总干事，后来还接替翁文灏担任理事长，中国地理学会就设在中央大学地理系，《地理学报》就是中大地理系编辑出版的。

中央大学曾经被称为亚洲最好的大学，当时全国大部分优秀学子考大学的首选就是中央大学。中大西迁重庆后，虽条件受限，仍有重庆沙坪坝、柏溪、成都、贵阳四处校址，7个学院、56个系科、一个研究院、9个研究部、一个专科学校和一个中等学校等65个单位，教师400多人，学生4000多人，按照教育部的规定，开具课程近千种。

祖父自1943年起，担任中央大学教务长近两年。在当时极为艰苦的条件下，办好这样一所规模的大学，教务长压力之大、困难之多，今天难以想象。国民政府教育部档案记载，是祖父把中央大学的主要工作都挑起来了，足见其出色的行政管理能力和管理团队的高效献身精神。

他任苏州中学校长时，在毕业生致辞里说到一句话："国家多难，前途珍重，作为全人，有厚望焉。"用现在的话讲就是：作为校长，我希望我培养的人，各方面都成才，我对你们寄有厚望。

澎湃新闻：除了胡焕庸线，能否请您说说胡焕庸其他一些值得关注的研究成果？

胡复孙：当时中央大学地理系承担了很多国民政府的研究项目。比如，在重庆期间，祖父受国民政府委托，做了划省计划报告，进行缩小省区研究。这个研究1941年左右完成。抗战胜利之后，国民政府曾在东北试点，但实行不下去，各地的地方利益影响太大。

1949年之后，关于祖父的研究工作，治淮是值得一提的。1950年，淮河发大水，整个苏北成了一口锅，洪泽湖是锅底，死亡人数非常多。

淮河流域水利设施落后，淮河几乎每年都泛滥。国民党也治淮，对应的机构叫做导淮委员会，陈果夫是主任。

早在1934年，祖父也带队考察研究过淮河，写了《两淮盐垦实录》这本书。这本书和陈果夫的治淮思想完全不一样。陈果夫要把水引到黄河去入海，虽然当时黄河河床没有那么高，但黄河能接受的水量没有那么大。而祖父的想法是，把淮河的水导入海里。他的想法和国民政府的思想不同，出了那本书，国民政府就把他的书几乎全部收回，不让卖，也不让寄。祖父当时很奇怪，书寄出去了，怎么都没人收到。实际上书是被没收了，留下的很少。

到了1950年，为应对这次水灾，水利工业部成立了治淮委员会，设在蚌埠。政务院召集了多次会议来研究治淮。为治理淮河，国家拿出了水利经费的80%。当时，有人想起了胡焕庸的那本书，推荐了他。祖父到了治淮委员会担任技术委员，负责治淮的技术设计。今天看，这个职位就相当于总工程师。经过一段时间考察后，他确定，应开挖

苏北灌溉总渠引水入海，疏浚河南、安徽和江苏的众多河道，还要修建很多辅助水利设施。治淮委员会当时的这些成果，基本解决了困扰多年的淮河水患。

前年我碰到一个同学，是江苏水利厅的干部。他说，苏北灌溉总渠现在起的作用可大了，自从建完之后，一般的洪水都没有问题，直接出海了。而且对当地的航运、经济发展起到很大作用。

祖父1953年到了华东师范大学。1979年平反后，他对80年代的人口研究又做了大量工作，也出版了许多专著和培养了很多学生。

一个人与一条线

澎湃新闻：之前对祖父是什么印象？

胡复孙：我们家住在南京。我小时候和工作后，都多次去上海看祖父。但那个时候，祖父不太讲过去的事情。

他就是这样一个人，不太说自己的事。祖父生活很有规律，晚上看完电视新闻，是一定要睡觉的，和谁都不说一句话。清早四点多起床，开始研究他的学问。我们过去看他，最多是简单说几句，然后饭桌上简单说几句，他给我一本书或一张地图，就忙他的去了。我们和奶奶说说话，打打招呼就撤了。

他把一切的时间都用于他的学问研究。有一个说法，"文革"中红卫兵抄家的时候，他都还在看他的书。

而且，我们家的人一贯比较自立，特别是男孩子，更认为自己应该独立，不要依靠别人。所以，我祖父没有给我什么直接的教育。另外，我是1954年出生的，当时祖父已经在上海了，并没有和他长期居住在一起。对祖父的更多了解，也是这些年陆续得到的，有些甚至是从父亲在"文化大革命"中写的数百份检查里知道的。

我最难忘的是，"文化大革命"之后，祖父得到平反，恢复工作，1981年乘坐火车去北京出席全国第三次人口会议，火车在南京火车站过站停留时，我去看望。晚上十点多钟，祖父难得改变了早睡的习惯，等着见我。但软卧车厢封闭不让上车，祖父也下不来，我们只能隔着车窗对视。看到受尽磨难劫后余生的老人，想到全家在那些年里受到的屈辱和煎熬，我热泪盈眶难以自制，祖父更是激动不已连连招手。我们没有说上话，但我们都知道祖父度过了生平最大的劫难，我们的大家庭，和全国人民一起开始了新的生活。

澎湃新闻：这两年，胡焕庸线

越来越多地被提到，作为胡焕庸的后人，您怎么看？

胡复孙： 我们觉得很意外。

当时中华民国的地图集，还有申报地图等其他出版物里，都有这张人口密度图。当时这就是他的一项研究成果。他那时三十多岁，按照今天的话说，还是个青年教师。当然，当时的中大地理系已经承担了很多学术任务，也有应国民政府要求而进行的研究。

这些年，这条线在各方面的实践中，演变成了研究中国经济现象的基线。比如，气象、农业、地质、互联网等问题，都能拿它说出一些道理来。

我的祖父当年做这条线时，一定不会想到会有今天这样的关注。现在来讲，是非常了不起的。

澎湃新闻： 您如何理解胡焕庸线？

胡复孙： 当时大学教育对学生知识要求很宽。地学研究是包括气象的，地理、地质、气象、生物都不分家。祖父也研究气象，讲授气象课程，在气象学会里也有职务。中国的第一本《气候学》教材，就是他编写的。当然，他的老师竺可桢是气象学家，对他也有很大影响。

以我的理解，这条线还是和气象有关。人的生存需要一定的气候条件。这条线的西半边，无论怎么改造，人不可能胜天。气候条件恶劣，人的生存代价太高，经济发展就非常之难。

澎湃新闻： 这条线是怎样画的，您有哪些了解？

胡复孙： 当时这个课题怎么来的，我不知道。我只知道祖父当年做这条线，用的是国民政府的统计资料，两万人一个点，标在地图上。

国民政府当时也搞人口统计，但没有那么好的条件。不像我们现在的人口普查那么及时，那么大规模，有那么多数据。当时有个别地方缺少资料，时间上也有先后。所以很难说是高度精确，但应该基本反映了当时中国的人口分布。

胡焕庸著作《气候学》第一版

当时台湾地区在日本殖民统治下，人口统计资料没有列入，而现今的蒙古国当时在中华民国版图内是列入统计的。当然，蒙古国当时人口稀少，对统计资料的准确性没有大的影响。

澎湃新闻：胡焕庸线当初是怎么被认识的，您是否了解？

胡复孙：这个研究成果，1935年在《地理学报》发表时，没有受到

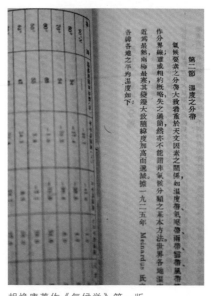

胡焕庸著作《气候学》第一版

像现在这样的重视。我父亲告诉我，祖父 1945 年到美国马里兰当访问学者时，才发现美国地理学会和欧洲的一些著名地理杂志早已将他这张图和这篇《中国人口之分布》全文翻译分送各方参考，并提出了"胡线"这个说法。那时国内还没有人这么说。所以，"胡焕庸线"还是一个"进口"的说法。后来国内研究人口学，这个最早的研究成果自然得到大家的关注。

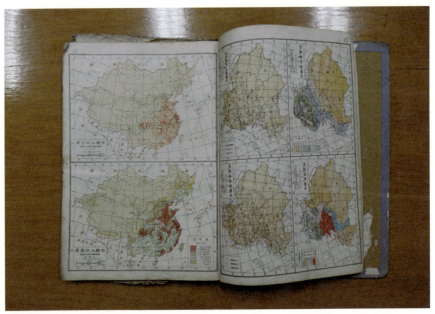

《中国人口之分布》书影

澎湃新闻：关于胡焕庸和张其昀，您肯定看到了很多耐人寻味的故事。

胡复孙：前几年，我逐字逐句看了24本《竺可桢文集》，把每一个涉及胡焕庸的地方都摘录下来了。

胡焕庸和张其昀，当时同在南高师史地学部，关系非常亲密，是很要好的同学。很多文章、著作也是两人一块儿署名的。早年两人同为中央大学地理系教授，都是当年地理界的中坚力量。

1936年，蒋介石让竺可桢当浙大校长，竺可桢不愿意。很多人劝他，他都拒绝了。竺可桢在回忆录中提到，"肖堂（胡焕庸）及晓峰（张其昀）来劝余就浙大事，余允担任半年……"当然，竺先生对教育部提了几个条件，校长要有人事权，要有充足的经费等，一一得到允诺后方才上任。

后来，张其昀就跟着竺先生到了浙江大学，做地理系主任。胡焕庸当时在中央大学做地理系主任。二人从此不在一处，但来往很多。

以前讲中国地理，很有意思的是，大陆方面认为，胡焕庸跟国民党有很多千丝万缕的联系，尽量少提或不提。台湾方面认为，胡焕庸没有去台湾，跟国民党对着干，也尽量少提或不提。

澎湃新闻：我们在胡焕庸线上的报道，哪些令您印象深刻？

胡复孙：我印象最深的是中国科学院首席科学家、著名理论地理学家牛文元所说的"胡焕庸线搞好了，中国就好了"。这些年，胡线两边经济发展，的确就像牛先生所说。"过去我们有一个错误的认识，认为人的本领太大了，可以让高山低头，让河水让路，喝令三山五岭开道。很豪迈，但你去征服自然，恩格斯早就讲了，你每征服自然一次，自然就要给你一次报复。这个报复让你吃不消，所以我们讲不要干这种傻事。一定要顺应自然发展的规律，然后来部署我们的政治、经济和文化。这个没有错。因为人本身就是自然孕育的一个产物，人哪来的？不就是自然界慢慢演化、进化出现的嘛。人反过来要把自然作为自己的奴仆，这本身就不合理。"

我印象比较深的还有汶川地震。其实四川我也没去过，但地震毕竟比较近，牵动了那么多人，损失了那么多个生命。还有一篇讲到，大同的煤矿开完，上太阳能，大片大片的太阳能电池板。那个印象特别深。

就我而言，还没有把胡线连起来的概念。也很正常，自己不能每一处都走到。我以前出差，北京、上海、深圳比较多。河北和河南走过，关于胡线上的城市，我多次去过西安，已经强烈感受到西部和东部文化的明显差异，但胡线经过的其他城市几乎没有去过。

但这两年我会去腾冲。前两年知道，要在腾冲和黑河，各做一个胡线纪念公园。我也看到了他们的设计资料。腾冲的公园已经建好了，祖父最大的铜像在那里，我也很感动。

我不但要去，而且要把抗日的遗迹都仔细看一看。

后记

胡焕庸线搞好了，中国就好了

澎湃新闻记者　王　昀

准确来说，澎湃新闻在 2016 年 8 月就开始筹备走胡焕庸线的题目。在中国地图上，胡焕庸线（以下简称"胡线"）清楚地把中国大地分为两边，但到了实地，这条界线又并非清晰可见。

为了解决在胡线上看什么的问题，我们阅读了一些文献，并陆续拜访请教了若干地理学者。包括中国科学院科技战略咨询研究院研究员、原国务院参事牛文元（已故），中国科学院研究员王铮，华东师范大学人口所所长丁金宏教授等。

因准备工作耗时较长，我们 2016 年底才正式出发，去往胡线上的各个目的地。从这个时点算，是历时 8 个月，实际走了超过 8000 公里。

胡线突破之问

在 H5 产品里，我们采用了沿线抽帧的形式，表达这条在实地看不见的线，在每个点上标出人口、海拔和降水。而在实地行走的过程中，我们也真切体会到这些数据的意义——这条线的约束条件其实是明确的，北边是水，南边是山。

不过，我们并没有走一条直线，而是在这条走廊上，选取了一些有代表性的目的地。

那么，如何考虑每个地方的代表性？这就要回到走胡线的初衷。

大家对 2015 年的"李克强之问"（胡焕庸线怎么破？）都很清楚。我们的初衷就是，去往实地，尽可能回应这个问题——胡焕庸线能突破吗？如何突破？那年恰好是胡焕庸线发表 80 周年。

我们拜访的地理学者普遍认为，几百年间，这条线不会有太大变化。但也有学者指出，随着东北的人口流失，胡焕庸线有顺时针移动的微弱趋势；另外，还需要研判信息化对胡焕庸线的影响。还有学者提到，国家的若干大型工程，都分布在胡焕庸线上——从这个意义上看，胡焕庸线搞好了，中国就好了。

已故学者牛文元指出，胡焕庸线是一条生态补偿的分界线。这也意味着，它是一条脆弱带。400 毫米等降水量线就在这片区域游移不定，使得这里的环境脆弱多变。

我们试图总体概括这条线的特质。"这是一条脆弱而美丽的走廊。倘若把胡焕庸线仅当作分界，我们就会忽视它本身的宽度。在这条走廊上，400 毫米等降水量线游移不定，耕作的农田与放牧的沙地相互交错；地上许多植物难于扎根，地下板块挤压之力涌动；人们在此挖掘远古时期的煤，不时应对地震、泥石流等地质灾害；不同民族的风俗习惯，同样在这里交融碰撞。"

我们归纳总结了一些重点问题。比如，东北塌陷与西南扶贫，是否意味着胡线某种顺时针旋转的微弱趋势？又比如，大同也很有胡线特质，胡线是板块交界，这里地下的煤自板块运动而来。而如今在采煤沉陷区，正进行光伏领跑者项目，有大片的光伏景观，天气晴好，靠近能源需求地，光能可以更好地被利用。

另外，因胡线上有诸多不确定的因素，比如自然灾害频发，人要在这里生存，就要对抗这些不确定，需要积累社会资本，增强社会的凝聚力。某种程度上，这就是大禹治水的逻辑。除了大型工程之外，我们也希望描述，民间社会在当中有怎样的努力。为此我们去了北川和雅安。

在胡线上，我们共写了 12 篇文章，还有若干照片和 8 个短视频。为采集视觉素材，团队从腾冲到黑河，从国道开车过去，走了一个月。在澎湃新闻上，我们有一个互动问答入口，针对胡焕庸线上的人口、环境、经济、生态等问题，随时回答网友的提问。最后，我们策划和制作了一个 H5 的多媒体产品，结合数据、文字、视觉元素，来呈现胡焕庸线上的"临界人生"。

再认识

我们逐步刊发胡线系列文章时，收到了胡焕庸先生的孙子胡复孙先生的反馈。

胡复孙先生与我聊天时，提到这么一句话——祖父当年接受的是宽口径的教育，地学包括很多内容，比如地质、气象、生物等。另外，他特别提及，胡焕庸撰写了中国第一本气候学的专著。

我于是想到，因为我们并非专业学者，但又有些对世界的关切，这种粗浅的眼光，或许能以胡焕庸先生的综合态度，来看待地理。

那么重新来看，胡线到底是一条什么样的线呢？

它算是一条能源之线。大同是地下有煤、地上有光的转型，而大同附近的唐山也是一个煤炭基地，胡线下端到四川也有煤炭资源，大概与板块运动有关。胡线的上半段，分布着大量的风电；而下半段则是水电。结合气候跟地形，人们在这条线上为人类生存所需的能源做努力。比较有意思的故事是，据媒体报道，因为有大规模的水电，金沙江电价较低，如今成为比特币的矿场。同时，鄂尔多斯也是比特币的一个大矿场。推而广之，比特币矿场的分布，可能也就在胡线上。围绕胡线能源故事都有些趣味，也不乏深远意义，可以算作一种重新发现。

胡线也可以被称作一条厂矿之线。我们主要论及齐齐哈尔的富拉尔基。20 世纪 50 年代的"156"工程，有大量项目分布在东北。如果把东北这部分去掉，我们也可看到一条与胡线相差不大的线。20 世纪 60 年代的"三线"建设，在胡线上也有大量分布。今天我们就要处理其中的工业遗产活化等问题。

这里再说一下灾害之线。如今的易地搬迁也大量分布在这条线上。雅安的飞仙关是地震灾区。进行灾后重建，村民从发生灾害的村子搬下来，在国道旁建设新的村子，希望发展旅游，但看上去没有什么人。不过，这里也有一些社会组织在服务，并把村民变成社工，使这里的社会活动丰富起来。这是一种政府和民间合作的模式，也是由灾害而催生的。当然，需要更长期的努力，才能看到效果。

当然，之前也几次提到，胡线上降水不定，人们时常会感到缺水。采煤、工业、种树、养羊，这些生产活动都与缺水的焦虑紧密相关。

从上海出发，走这条胡焕庸线，我们感受最为深刻的，还是某种观念的断裂感。比如，直过民族的发展，从原始步入现代，就是一种胡线上的观念断裂。澎湃新闻英文项目 Sixthtone 对亚文化比较关心，大城市总体来说相对文化多元，而这条线大多数时候不经过城市。Sixthtone 的外国同事就会发现，这边的人们对亚文化不感兴趣。

我们还发现，在这里生活的人，多半很难对未来有一种稳定期待——比如明年不知草场有没有草，既然不知明天会如何，所以大多数时候且看眼前。

我们最后走完了这条线，在盘点自己所收集到的素材时，就想到一些重新思考的角度。比如，胡线上的羊，在不同的环境中也意味着不一样的含义，有不一样的故事。羊可以是民族的象征，也可以是扶贫项目的载体，还有之前说到的草和绒等等。我们将所有元素和线索列成了一张表，可以看到，这些问题和现象总是交织在一起，相互关联。而谈到这些时，也总是离不开胡线的特质。

澎湃新闻胡线系列专题采写过程中，得到了多位专家学者的指导和支持，再次感谢我们的顾问团队成员，他们分别是：陈雨、达林太、丁金宏、何云梅、刘欣葵、牛文元、彭艳、沈海梅、孙大伟、王臻、王铮、夏榆、姚大力、盈淑梅、袁家海、张伟然、张晓虹、Martin Gamache。

澎湃研究所
（the paper institute）

澎湃研究所为澎湃新闻旗下机构，致力于打造立足上海、以城市研究为核心的新型智库。该研究所以人为本，理解城市社群的组织与行为；以务实与创新，提供城市问题解决方案。同时，希望让世界真正理解中国城镇化的脉络，采用与国际城市研究接轨的话语体系，与全球城市对话，汲取国际城市经验。

电子邮箱：institute@thepaper.cn

智库报告二维码

市政厅二维码

城市漫步二维码

图书在版编目（CIP）数据

山河·寻路胡焕庸线上的中国 / 澎湃研究所著. --
上海：上海文化出版社，2022.7
　　ISBN 978-7-5535-1454-3

　　Ⅰ．①山… Ⅱ．①澎… Ⅲ．①人口地理－研究－中国
Ⅳ．①C922.2

　　中国版本图书馆CIP数据核字(2018)第299152号

出　版　人：姜逸青

责任编辑：罗　英

装帧设计：王　伟

封面书法：孙　鉴

书　　名：山河·寻路胡焕庸线上的中国

著　　者：澎湃研究所

出　　版：上海世纪出版集团　上海文化出版社

地　　址：上海市闵行区号景路159弄A座3楼　201101

发　　行：上海文艺出版社发行中心

　　　　　上海市闵行区号景路159弄A座2楼206室　www.ewen.co

印　　刷：上海雅昌艺术印刷有限公司

开　　本：787×1092　1/16

印　　张：17.25

印　　次：2022年7月第一版　2022年7月第一次印刷

书　　号：ISBN 978-7-5535-1454-3/K.177

定　　价：118.00元

告　读　者：如发现本书有质量问题请与印刷厂质量科联系　T:021-68798999